MÁRIO DE SÁ-CARNEIRO

por

CLEONICE BERARDINELLI

SOBRE A COLEÇÃO NOSSOS CLÁSSICOS

Desde sua criação, em 1957, a coleção Nossos Clássicos foi instrumento fundamental para o ensino das literaturas brasileira e portuguesa. A seleção cuidadosa de textos dos principais autores de nosso acervo literário, acompanhada por estudo crítico elaborado por grandes especialistas e seguida de bibliografias, desperta o interesse de leitores iniciantes, conduz estudantes, ajuda o professor, tornando cada volume fonte de referência agradável e de absoluta confiança.

NOSSOS CLÁSSICOS

Coleção criada por
ALCEU AMOROSO LIMA
ROBERTO ALVIM CORRÊA
JORGE DE SENA em 1957
Desde 2005, sob a coordenação de
BEATRIZ RESENDE
(UniRio/UFRJ)

MÁRIO DE SÁ-CARNEIRO

por

CLEONICE BERARDINELLI

EDIÇÕES
BIBLIOTECA
NACIONAL

AGIR

Copyright © 2005 desta edição, Agir Editora
Todos os direitos reservados e pela Lei 9.610 de 19.02.1988.

Capa e projeto gráfico
João Baptista da Costa Aguiar

Revisão
Michelle Strzoda
Cecilia Giannetti

Diagramação
DTPhoenix Editorial

Produção editorial
CASA DA PALAVRA

Assistente editorial
Renata Arouca

CIP-Brasil. Catalogação-na-fonte. Sindicato Nacional dos Editores de Livros, RJ.

S124m   Sá-Carneiro, Mário de. 1890-1916
           Mário de Sá Carneiro / por Cleonice Berardinelli
           Rio de Janeiro: Agir, 2005
           120pp : – (Nossos clássicos)

           Inclui bibliografia
           ISBN 85-220-0681-4

           1.Sá-Carneiro, Mário de. 1890-1916 – Coletânea.
           I. Berardinelli, Cleonice. II. Título. III. Série.

05-1916   CDD 869.1
                                                        CDU 821.134.3–1

16.06.05   17.06.05   010527

Todos os direitos reservados à
AGIR EDITORA LTDA

Rua Nova Jerusalém, 345 CEP 21042-230 Bonsucesso Rio de Janeiro RJ
tel.: (21) 3882-8200 fax: (21) 3882-8212/8313

Ministério da Cultura — BRASIL UM PAÍS DE TODOS GOVERNO FEDERAL — EDIÇÕES BIBLIOTECA NACIONAL — AGIR

SUMÁRIO

Apresentação
    Portugal entre dois séculos 13
    O autor e seu tempo 27

Antologia

Primeiros poemas
    A quinta da vitória 31
    Mote 32
    Glosa 32
    O estrume 33
    Beijos 36
    Quadras para a desconhecida 39
    A um suicida 41
    Simplesmente 44

Dispersão
    Partida 47
    Escavação 50
    Inter-sonho 51
    Álcool 52
    Vontade de dormir 53
    Dispersão 54
    Estátua falsa 59

Quase 60
Como eu não possuo 61
Além-tédio 63
A queda 65

Indícios de oiro

Epígrafe 66
Nossa Senhora de Paris 67
Distante melodia 70
Taciturno 71
O resgate 73
Ângulo 74
Anto 75
Escala 76
Sete canções de declínio 79
Abrigo 88
Serradura 90
O lord 92
Torniquete 93
Pied-de-nez 94
Ápice 95
Último soneto 96

Os últimos poemas

Caranguejola 98
O fantasma 100
El-rei 101
Aqueloutro 102

Fim 103
Manucure 104

Bibliografia do autor 110

Bibliografia sobre o autor 113

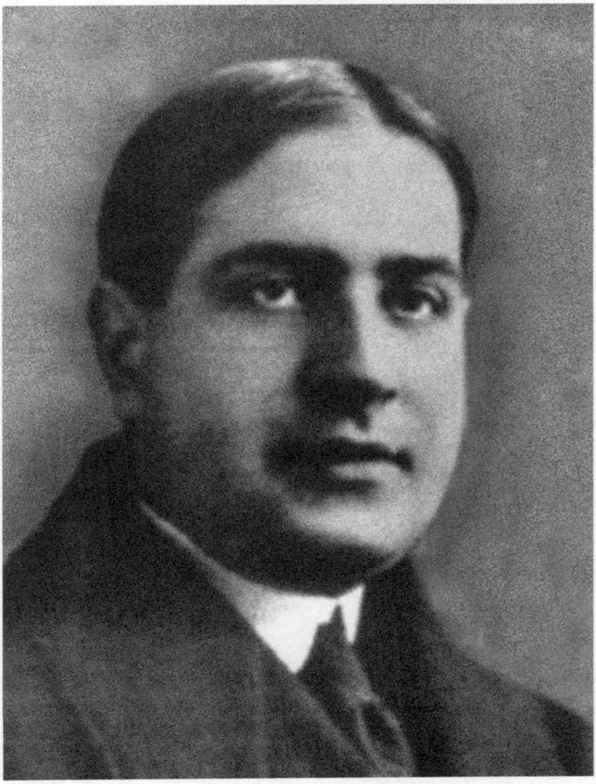

APRESENTAÇÃO

PORTUGAL ENTRE DOIS SÉCULOS

1890, ano do nascimento de Mário de Sá-Carneiro, é também o ano do *ultimatum* da Inglaterra a Portugal. A 10 de janeiro, o governo britânico exige a retirada imediata das forças portuguesas de certas regiões da África, sob a ameaça de chamar a Londres os seus representantes junto ao governo português. Este, reconhecendo-se fraco diante do adversário, prefere ceder. Tal atitude, porém, fere profundamente os brios portugueses e, enquanto Guerra Junqueiro reage pela palavra sonora e contundente, abalando os alicerces já bem pouco firmes do trono, Antero de Quental e Sampaio Bruno unem a palavra à ação, este como membro e aquele como presidente da Liga Patriótica do Norte. Responsabiliza-se a monarquia pela humilhação sofrida e o exemplo da proclamação da república brasileira não é estranho à reação crescente.

A 31 de janeiro de 1891, o levante das tropas do Porto agrava a situação. D. Carlos recompõe seu ministério, numa tentativa de restabelecer o equilíbrio do regime, mas as complicações de ordem financeira e administrativa se sucedem. O ministro da Fazenda, Oliveira Martins, empreende grandes reformas, sem conseguir realizá-las, e demite-se. Os partidos multiplicam-se, a agitação cresce. Embora a situação externa pareça melhorar, a crise interna, apesar dos esforços de João Franco para dominá-la, é cada vez mais séria, vindo a culminar com o assassinato de D. Carlos e do Príncipe Real, na tarde de 1 de fevereiro de 1908.

D. Manuel, o segundo do nome, manter-se-á no poder durante dois anos tempestuosos; a 5 de outubro de 1910 proclama-se a república em Portugal. Um governo provisório tem na presidência Teófilo Braga. A 19 de junho de 1911, abre-se a Assembléia Constituinte; elabora-se a nova constituição; procede-se às eleições. É eleito Manuel de Arriaga. A atmosfera, entretanto, continua carregada; rebenta a insurreição do Norte, sobrevêm as greves. Um novo ministério é constituído, tendo a chefiá-lo um homem inteligente e de vontade inflexível: Afonso Costa. Governa de janeiro de 1913 a dezembro de 1914, quando é substituído por Vítor Hugo de Azevedo Coutinho, à frente de um ministério "democrático", menos firme que o anterior. Os levantes militares não cessam, até que Manuel de Arriaga é forçado a pedir ao seu velho amigo General Pimenta de Castro que tome conta do poder. Já em maio de 1915 uma revolução porá na presidência Bernardino Machado, reconduzindo Afonso Costa à direção do gabinete.

Entretanto, rebentara a primeira Grande Guerra Mundial; Portugal reafirmara a sua fidelidade à aliança inglesa e, a 9 de março de 1916, a Alemanha lhe declarava guerra.

UM GRANDE POETA, UM "POBRE MENINO INFELIZ"

Nascido no fim do século XIX, apenas dois anos mais moço que Fernando Pessoa, Mário de Sá-Carneiro pertence à geração do *Orpheu*, a revista que, idealizada no Brasil por Luís de Montalvor e Ronald de Carvalho, pretendia comunicar a nova mensagem européia, preocupada apenas com a beleza exprimível pela poesia, inspirada no simbolismo de Verlaine, Mallarmé e Camilo Pessanha, no futurismo de Marinetti, Picasso e Walt Whitman, e antecipando, de certo modo, o super-realismo de André Breton. Preconizava a arte pela arte, mas ao mesmo tempo a descida ao próprio poço, a busca ansiosa do "eu" e a fixação da agitada idade moderna. Embora os responsáveis pela publicação do primeiro número tenham sido apenas os dois poetas já citados, o fato é que a revista vinha realizar uma aspiração comum dos jovens poetas que se reuniram à volta de Fernando Pessoa no "Irmãos Unidos".

No *Orpheu* poderiam publicar as suas peças de escândalo: poesias sem metro, celebrando roldanas e polias, ou revelando as profundezas do subconsciente, sem passar pelo crivo da razão. O primeiro número, saído em abril de 1915, esgotou-se em três semanas, por uma espécie de sucesso negativo: compravam-no para se horrorizarem com o seu conteúdo e se encolerizarem com os seus colaboradores.

Um destes, Armando Cortes-Rodrigues, conta que eram apontados a dedo nas ruas, olhados com ironia e julgados loucos, para quem se reclamava, com urgência, o hospício de Rilhafoles.

Um segundo número sairia em julho do mesmo ano, com maior invasão de futurismo; um terceiro número foi organizado e mesmo impresso parcialmente, mas não se publicou. Era mais uma revista literária que morria à míngua de recursos. Não bastara o talento e o arrojo de seus colaboradores para prolongar-lhe a vida; eram os escudos de Sá-Carneiro (ou antes, de seu pai, que lhos mandava para Paris) que a sustentavam. Uma reviravolta nos negócios, a cessação da mesada, e fica no nascedouro o que viria a ser o *Orpheu 3*.

E quem eram esses moços que assim procuravam escapar ao marasmo do conservadorismo português da época? Eram Fernando Pessoa, Mário de Sá-Carneiro, Armando Cortes-Rodrigues, José de Almada Negreiros, Luís de Montalvor, Alfredo Pedro Guisado e outros cuja atuação foi mais restrita. Ao seu anseio de agitar as inteligências e as sensibilidades, inovando, não faltava um certo desejo de escandalizar, que se exacerbava na medida em que crescia a inaceitação geral: cônscio dessa atitude, o próprio Fernando Pessoa, ao referir-se, já em 1915, a versos seus e ao seu *Manifesto Interseccionista*, penitencia-se de havê-los feito com a única preocupação de *épater*, rebaixando, assim, a alta dignidade da poesia.

Mas o que não é menos verdade é que todos, ou quase todos, tinham a consciência da grandeza que é ser poeta. Dois deles, sobretudo: Fernando Pessoa e Mário de Sá-Carneiro. E o estarem à mesma altura, bem acima dos outros, os aproximou numa amizade feita de compreensão, carinho e admiração mútua. Morto Sá-Carneiro, lamenta-se Pessoa:

Ah, meu maior amigo, nunca mais
Na paisagem sepulta desta vida
Encontrarei uma alma tão querida
As coisas que em meu ser são as reais.

Dias antes do suicídio, Sá-Carneiro enviara a Pessoa o manuscrito de seu livro inédito de poesias *Indícios de oiro*, para que o amigo o publicasse "onde, quando e como lhe parecesse melhor". Em 1914 já publicara outros doze poemas com o título de *Dispersão*. Estes dois volumes e mais *Os últimos poemas* constituem toda a obra poética daquele que, como previra, só seria entendido vinte anos mais tarde. São cinquenta e um poemas, todos escritos de 1913 a 1916, na maioria datados de Paris, onde o Poeta levava vida dissipada, sempre recorrendo à bolsa paterna. Para lá seguira em outubro de 1912. Levava-o o pretexto de cursar a Faculdade de Direito (que só freqüentou, afinal, três meses), mas na realidade a admiração sem limites pela grande capital.

Durante esses três anos de Paris — os últimos de sua vida — voltará duas vezes a Lisboa, por alguns meses: em fins de 1913 e em princípios de 1915. É então que dirige com Pessoa o segundo número de *Orpheu*, por cuja impressão se responsabiliza, esperando que mais uma vez o pai lhe salde as contas. Este, porém, premido por sérias dificuldades financeiras, seguira para Lourenço Marques com a segunda mulher, numa tentativa de recuperar o equilíbrio econômico. Sá-Carneiro foge para Paris, sem deixar o endereço nem mesmo a Fernando Pessoa. Apenas chegado, escreve-lhe, dizendo que aguarda a resposta do pai e pedindo-lhe que lhe remeta urgentemente o produto da venda de *Céu em fogo*. Daí em diante, as suas cartas a Pessoa se tornarão sempre mais reveladoras do estado de angústia e desalento que o levará ao suicídio. Sente-se só: a mãe faltara-lhe desde cedo, o pai está na África, o avô e a velha ama estão em Portugal. Agarra-se ao amigo que o compreende e confidencia-lhe uma suspeita que o assalta e se transforma em certeza: "...creia, meu pobre amigo: eu estou doido. Agora é que já não há dúvidas. Se lhe disser o contrário numa carta próxima e se lhe falar como dantes — você não acredite: o Sá-Carneiro está doido. Doidice que pode passear pelas ruas — claro. Mas doidice." Tem consciência de que as engrenagens na vida o vão esmagar, mas não consegue reagir, pois "...é tão belo fazer asneiras: Atapetemos a Vida / Contra nós e contra o mundo..."

Sua última carta a Fernando Pessoa é, talvez, o derradeiro esforço de reação: as palavras lhe saem desconexas, apressadas, nos intervalos de uma respiração arfante: "18 de abril de 1916. Unicamente para comunicar consigo, meu querido Fernando Pessoa. Escreva-me muito — de joelhos lhe suplico. Não sei nada, nada, nada. Só o meu egoísmo me podia salvar. Mas tenho tanto medo da ausência. Depois — para tudo perder, não valia a pena tanto escoucear. Doido! Doido! Doido! Tenha muita pena de mim. E no fundo tanta cambalhota. E vexames. Que fiz eu do meu pobre orgulho? Veja o meu horóscopo. É agora, mais do que nunca, o momento. Diga. Não tenha medo. Estou com cuidado no meu caderno de versos. De resto o meu amigo tem cópia de todos. Informe-me. Adeus. Mil abraços. Escreva. O Mário de Sá-Carneiro."

O pobre Sá-Carneiro aproximava-se do fim: ia seguir o que ele chamava o seu egoísmo, ia superar o seu medo da ausência e lançar-se na morte. Três anos antes, em maio de 1913, já diziam seus versos.

Falta-me egoísmo para ascender ao céu,
Falta-me unção p'ra me afundar no lodo.

Não soube, "pobre menino ideal", atapetar a Vida contra si mesmo: inadaptado, irrealizado, acabou por destruí-la, matando-se.

Sua inadaptação à vida, sua irrealização, a busca e a dispersão de si mesmo, o desejo de equilíbrio, de não ser *quase*, o narcisismo enternecido que por fim se transformará em desprezo por *aqueloutro*, o seu ideal de poeta e a renúncia que dele exige, tudo que constitui o mundo de dúvidas, de ânsias, de angústias do poeta é a essência mesma de sua poesia.

O curioso é que este poeta nato não se dava conta de que o era. Até então só publicara prosa. Só em fevereiro de 1913[1] escreve a Fernando Pessoa, enviando-lhe um poema e prevenindo-o: "não se assuste nem com o título ["Simplesmente"], nem com as primeiras quadras *naturais*." E continua: "A poesia, ao meio, vira em parábola para outras regiões." Transcrito o poema, continua o autojulgamento negativo: "Não lhes dou importância, não os amo — gosto, apenas — porque, por razoáveis que sejam, não são versos escritos por um poeta. Logo, são maus versos."

Até à primeira edição desta *Antologia*, em 1958, supúnhamos que seu primeiro poema fosse "A partida", que é, afinal, a segunda parte do poema acima mencionado, composta esta de 13 quadras *irreais*, *ideais* (as anteriores eram as *naturais*, como se viu). O fato de não se conhecerem versos anteriores contribuía para que, àquela altura, tivéssemos escrito esta afirmação convicta: "Como Minerva, que já sai adulta e armada da cabeça de Júpiter, a poesia de Sá-Carneiro nasce, em 1913, madura e na plena posse de seus recursos". Esta afirmação, que mantivemos até à terceira edição, em 1974, não tem agora a mesma validade, depois da publicação da *Obra poética completa*, organizada por António Quadros e editada por Europa-América, Mem Martins, em 1991,[2] pois que nesta se incluem textos poéticos escritos por Sá-Carneiro desde os treze anos, alguns dos quais trouxemos para esta edição, pondo-os, sob a denominação geral de "Primeiros poemas", à frente dos poemas de *Dispersão*, editados em 1914, e de *Indícios de oiro*, postumamente, em 1931. O primeiro consta de doze poemas, um, de fevereiro de 1913, e os restantes de

---

1 SÁ-CARNEIRO, Mário de. *Cartas a Fernando Pessoa*, 1959, p. 71.
2 Em 1995 saiu no Rio de Janeiro, pela editora Nova Aguilar, a *Obra completa* do autor, organizada por Alexei Bueno.

maio do mesmo ano; o segundo, *Indícios de Oiro*, encerra trinta e dois poemas que datam de junho de 1913 a dezembro de 1915; os oito poemas que não constam dos volumes citados, e que Fernando Pessoa enfeixou sob o título de *Os últimos poemas de Mário de Sá-Carneiro*, são de 1915 e 1916.

Seu primeiro volume de versos apresenta características definitivas do poeta desde o poema inicial, que se pode considerar perfeitamente realizado. Não há, na poesia contida nos seguintes, evolução, no sentido de progresso. É certo que surgirão novas formas, mudará o tom, intensificar-se-á a dramaticidade, surgirão novos temas, mas o que lhe é essencial — em matéria e forma[3] — lá está desde "Partida". Já o título é significativo: traduz o impulso profundo do poeta — "partir sem temor", "subir além dos céus", arrastado pelo desejo de reencontrar o *além* de que está nostálgica sua alma. Mas há mais: há nesses versos a revelação de algumas das múltiplas faces, arestas e vértices da sua personalidade: o anseio de fuga, a busca ideal da beleza, o delírio das cores, a acuidade sensorial, a certeza de ser grande e, por isso mesmo, só. Dos vocábulos que mais empregará nas obras seguintes, muitos dos quais de evidente herança simbolista, a maioria também lá se encontra: oiro, cristal, esfinge, auréola, labirinto, quimera, bruma, timbre etc.; da mesma herança é também uma das mais belas sinestesias de toda a sua obra poética: "A cor já não é cor — é som e aroma!" e não lhe falta nem mesmo o uso de uma regência verbal inusitada como "me triunfo".

Poeta profundamente original, não ficou, contudo, isento das influências da sua época, menos por uma voluntária imitação que por íntimas afinidades. Aparenta-o ao simbolismo não só o culto da palavra rara e eufônica e da rima rica, o emprego das maiúsculas alegorizantes, mas, e sobretudo, o gosto natural pelo que é precioso

---

3   Em 1958 estávamos todos sob o signo da estilística: *Matéria y forma en poesía* era o título de um dos livros do mestre Amado Alonso. A este e ao seu irmão, Dámaso, muito devo, como a Leo Spitzer e alguns mais.

— pedras, metais, estofos —, a ânsia de captar cores, formas, cheiros, sons, que funde em admiráveis sinestesias, o estado de delírio semiconsciente, a capacidade para sugerir. Com o saudosismo, do qual ri zombeteiro, chamando a *A Águia*[4] "a grande ave" de "asas ungidas de mistério, bêbeda de luz", bem pouco tem de comum: apenas algumas coincidências vocabulares e uma certa semelhança no desejo de fugir à realidade material. Além disso, o paülismo que os de *Orpheu* trazem como inovação não é senão a exacerbação de certos aspectos do saudosismo: "ânsia de novo, mistério, estranheza, audácia". São estas palavras de Sá-Carneiro a Pessoa, em carta de Barcelona, datada de 1º de setembro de 1914,[5] onde ele diz ter encontrado uma verdadeira catedral paúlica, "uma Catedral de Sonho, uma catedral Outra" à qual atribui aquelas características. Além desta corrente literária, de pouca duração, outras duas influenciaram a nova poesia portuguesa: o futurismo e o inter-seccionismo. A tentativa futurista de Sá-Carneiro é o poema "Manucure", datado de 1915. Visivelmente influenciado pela "Ode marítima" e pela "Ode triunfal", de Álvaro de Campos, o poeta nele procura identificar-se com as coisas do presente, ver com os olhos "ungidos de Novo", esses olhos que ele diz "futuristas, cubistas, inter-seccionistas", mas na verdade o não são. Como o heterônimo pessoano, usa o verso livre e branco (ele que nunca abandonara os versos rimados e quase sempre medidos), as anáforas insistentes, as interjeições e as orações interjetivas; vale-se de recursos tipográficos; procura fundir-se com tudo aquilo que representa a nova Beleza, cravando os dentes na madeira dos caixotes, absorvendo com o olhar as inscrições coloridas dos fardos, acompanhando o movimento incessante dos cais e das estações. Mas o sujeito lírico rasga o disfarce futurista que o cobre e surge, aqui e ali, com os seus problemas permanentes:

---

4 Revista do movimento saudosista, dirigida por Teixeira de Pascoais.
5 Cf. SÁ-CARNEIRO, Mário de. *Cartas a Fernando Pessoa*, vol. 2. Lisboa: Ática, 1959, p. 12.

o narcisismo, revelado na ternura com que vai polindo as unhas das mãos "longas e lindas", que "eram feitas p'ra se dar", e nas maiúsculas com que escreve o pronome da primeira pessoa; a obsessão das cores; a presença da Beleza, não uma beleza qualquer, mas a Beleza-sem-Suporte, "Desconjuntada, emersa, variável sempre / E livre", tal como a sua própria Sorte, "Fantástica bandeira sem suporte, / Incerta, nevoenta, recamada"; a imagem do espelho, a refletir a vida; o predomínio do passado sobre o presente que ele não sabe viver e o futuro que não espera; vemo-lo em "Manucure" dentro do "Grande Espelho de fantasmas", onde "ondula e se entregolfa todo o meu passado, / Se desmorona o meu presente, / E o meu futuro é já poeira..." como o sentira em "Dispersão":

Para mim é sempre ontem,
Não tenho amanhã nem hoje:
O tempo que aos outros foge
Cai sobre mim feito ontem.

Essa camada profunda do poema, velada por elementos voluntariamente respigados nos manifestos e versos futuristas, faz-nos crer na sua autenticidade, apesar de dizer Fernando Pessoa que o poema foi "feito com intenção de *blague*": se houve apenas *blague* na intenção, a realização foi além — revelou o poeta.

O inter-seccionismo encontra-se em sua obra, não com a intencionalidade com que o adota e preconiza Fernando Pessoa, mas como a expressão do seu duplo estado de vigília e sonho, no qual as coisas vistas e as sonhadas se inter-seccionam ou superpõem ao longo do poema.

Até aqui apenas afloramos os temas vitais da poesia de Sá-Carneiro e as suas constantes: em primeiro lugar, para indicar que alguns já se encontravam no seu primeiro poema; em seguida, para ressaltar a sua inevitabilidade, manifestando-se mesmo malgrado o poeta e isso porque, a nosso ver, a obra de Sá-Carneiro é, em todos os momentos, a manifestação da sua personalidade humana, com ou sem disfarces.

Em 1912, já dizia que não saberia resistir à Vida, onde não tinha um lugar. Este o seu grande problema, a origem de todos os outros.

A vida na sua realidade, na sua existência material, não significa nada para ele: "A vida, a natureza, / Que são para o artista? Coisa alguma." Passa por ela sem vivê-la, "na ânsia de ultrapassar", de passar além da vida e de si mesmo. Na "ânsia de ter alguma coisa", busca-se, perde-se, sem nunca se encontrar. Na seqüência dos poemas de *Dispersão* desenrola-se essa sua *via crucis*, iniciada em "Partida", terminada em "A queda". É (em "Escavação") a descida aos mais íntimos desvãos "sem nada achar" a perguntar-se: "Onde existo que não existo em mim?" É (em "Inter-sonho", "Álcool" e "Vontade de dormir") o recurso ao sonho, ao delírio ou ao sono que o mergulham em sons, cores, perfumes e imagens calidoscópicas, tirando-lhe por momentos a consciente e torturante lucidez. É (em "Dispersão") a perda de si dentro de si, porque é labirinto, porque não sente a sua realidade, porque perdeu a morte e a vida. É (em "Estátua falsa", "Quase" e "Como eu não possuo") a consciência da sua incapacidade de ser e de ter, o sentir-se talhado para um destino "alto e raro" sem, entretanto, o poder atingir. É (em "Rodopio") novamente, e com maior intensidade, o desfile vertiginoso das imagens mais incoerentes, para acabar na "Queda" final.

Mas não tem fim aí o drama do poeta: da sua passagem por si e pela vida ficaram os rastros, as pegadas: "Se me vagueio, encontro só indícios..."; e ao segundo volume de poemas ele dará o título de *Indícios de oiro*, como a acentuar que as marcas nele impressas são do Outro, daquele que tem em si "oiro marchetado a pedras raras", daquele que ele devia ter sido e em cuja busca perdeu-se sem, contudo, atingi-lo:

Eu não sou eu nem sou o outro,
Sou qualquer coisa de intermédio:

Pílar da ponte de tédio
Que vai de mim para o Outro.

Ficou a meio caminho entre o que era e o que aspirava a ser: a ponte já seria qualquer coisa de intermédio, mas chegaria ao Outro; o poeta, não: é o pilar, o *quase*, como ele mesmo disse, ou o *entre*, como diria Álvaro de Campos. Nem deu pela sua vida real, nem conseguiu dar realidade à vida ideal que sonhou. Sonhou-se grande demais e a sua megalomania revela-se a cada passo: atribui-se, no passado, uma divindade já perdida ("Vêm-me saudades de ter sido Deus"...); no futuro, um destino "alto e raro"; a sua dor é *genial*, são *geniais* as coisas em que medita; num ambiente de esplêndida riqueza medieval, com pontes, paços e castelos, cerca-se de matérias preciosas — ônix, alabastro, marfim, bronze, platina, oiro, oiro sobretudo: são fios de oiro que o puxam, é num mar de Oiro que singra, é de Oiro o rastro que deixa, ele mesmo chuva de oiro. De oiro, sim, mas oiro sinistro, oiro falso, oiro que se derrete em chumbo, a lembrar-lhe que toda a grandeza que ele sonhou — ou que o *sonhou* — é fictícia e a tornar obsidiante a idéia de que traz em si a origem do desvalor, da destruição: "Se acaso em minhas mãos fica um pedaço de oiro, volve-se logo falso... ao longe o arremesso..." Entre os dois seres que nele coabitam não se pode baixar "a ponte levadiça e baça de Eu-ter-sido" — o Outro ficará irremediavelmente perdido. Contrapondo-os, o poeta sente que na disparidade entre eles está a raiz da sua "raiva mal contida", da sua "eterna impaciência", da sua sensação de perda, do seu "desejo astral de luxo desmedido"... E essa raiva se volta contra o que ele chama, em mofa dolorosa, "El-rei", ou, em sangrento auto-retrato, "Aqueloutro". Impiedoso, revoltado, caricatura-se dramaticamente, carregando nos traços que indicam a sua *falsidade* — o *dúbio mascarado*, o *mentiroso*, o "Rei-lua *postiço*", o "falso atônito", o *desleal*, o "mago *sem condão*" — e, para mais cruelmente ferir-se, a referência ao físico desairoso: o *balofo*, o "Esfinge *Gorda*"... *Aqueloutro* é, assim, o que lhe restou, perdido o *Outro*, e são ambos, pois que um condiciona o outro: cada um é somente a metade do ser total: "Por sobre o que Eu não sou há grandes pontes / Que um outro, só metade, quer passar / Em miragens de falsos horizontes — / Um outro que eu não posso acorrentar...". Sá-Carneiro, homem e poeta, é o que se foi mais o que se sonhou; da derrocada do sonho alto demais, ficou-lhe o amargor do insucesso. Havia nele, entretanto, debaixo do entrechoque de impulsos contrários, um desejo de ser como toda a gente, de fazer normalmente as coisas banais da vida: pagar as contas, "seguir pequenas", não andar "às moscas", não viver na lua, não temer as correntes de ar. E ele o diz com a simplicidade coloquial, o tom de confidência autobiográfica, raros nele e que o aproximam de António Nobre até por uma certa feminilidade de estilo:

> Noite sempre p'lo meu quarto. As cortinas corridas,
> E eu aninhado a dormir, bem quentinho — que amor!...
> Sim: ficar sempre na cama, nunca mexer, criar bolor —
> P'lo menos era o sossego completo... História! era a
> [melhor das vidas...

Bem mais suave seria, na verdade, o seu fim, no quarto branco do hospital, dizendo a "ela": "Nada a fazer, minha rica. O menino dorme. Tudo o mais acabou." Se assim fosse, talvez ele não tivesse profanado a dignidade do seu próprio cortejo fúnebre, na expressão de uma última vontade, macabra por seu grotesco:

> Quando eu morrer batam em latas,
> Rompam aos saltos e aos pinotes,
> Façam estalar no ar chicotes,
> Chamem palhaços e acrobatas!

Um enterro de *clown*. E não o teria sido Sá-Carneiro? Em vez da cara enfarinhada, da gola de babados e do calção entufado, o diadema, o elmo, os brocados e as pedrarias do Lord de outra vida, a ocultar os batimentos de um coração inquieto, as angústias de uma

alma torturada. A um, como ao outro, de nada vale o disfarce, se o seu drama atinge as raízes do próprio ser; se o homem jamais pode desprender-se de si mesmo, arrastando sem remédio o seu problema sem solução, a sua pergunta sem resposta.
Foi essa impossibilidade de equilíbrio que o levou ao suicídio. Como homem, não se realizou, nem na vida, nem na morte. No fracasso do homem, o artista deitou raízes e floresceu em Beleza. O poeta amou e cantou sua Alma.
E o homem? Se lhe perguntássemos o que fez dela, responderia por ele o poeta:

Caiu-me a Alma ao meio da rua,
E não a posso ir apanhar.

Pobre alma de homem e de poeta, caída a meio caminho! Ela também poderia dizer:

Um pouco mais de sol — e fora brasa,
Um pouco mais de azul — e fora além.

NOTA EXPLICATIVA: Duas dificuldades se nos antolharam ao iniciarmos, em 1958, a preparação desta Antologia: a primeira, a escassez de dados biográficos do poeta. Já agora, decorridos quarenta e sete anos, publicaram-se edições completas e várias antologias do poeta e prosador. Nelas, e na *Fotobiografia* da autoria de Marina Tavares Dias, 1988, encontramos informações que nos permitiram alargar o conhecimento das andanças e atividades de Sá-Carneiro. Sobre sua personalidade, seus problemas existenciais, os subsídios mais preciosos estão nas suas cartas a Fernando Pessoa e algumas outras, muito menos numerosas, a amigos. Apresentamos aos nossos leitores o que pudemos obter, que ainda não é muito, mas escudamo-nos no que do nosso poeta disse Fernando Pessoa: "[...]

o Sá-Carneiro não teve biografia: teve só gênio. O que disse foi o que viveu."⁶

A segunda dificuldade foi a da seleção dos poemas e isso porque, numa obra como esta de que nos ocupávamos àquela altura, o número total de composições conhecidas (52) já era inferior ao de antologias de outros autores, anteriormente publicadas. Escolhemos trinta e cinco poemas — bem mais da metade da obra poética — aos quais apusemos numerosas notas que nos pareceram essenciais à compreensão deste poeta bastante difícil e entranhadamente original. Agora, em 2005, como ficou dito atrás, pudemos acrescentar sete dos poemas dos primeiros anos, até 1913, sob o título englobante de "Primeiros poemas", já utilizado pela edição de Alexei Bueno, que os pôs, em sua totalidade, em Apêndice, mas que preferimos fazer anteceder os outros, escritos a partir do mesmo ano.

---

6   A partir da 2. ed. pudemos ampliar os dados biográficos com os subsídios colhidos na obra da Maria Aliete Galhoz, *Mário de Sá-Carneiro* (Lisboa, 1963).

O AUTOR E SEU TEMPO

1890   19 de maio: nasce em Lisboa Mário de Sá-Carneiro, filho único do engenheiro Carlos Augusto de Sá-Carneiro (a essa altura, ainda estudante) e de D. Águeda Maria Murinello de Sá-Carneiro.

1892   11 de dezembro: morre-lhe a mãe, com apenas 23 anos de idade.

1894   O pai faz uma série de viagens ao Oriente, deixando-o em casa dos avós, na Quinta da Vitória, em Camarate, em companhia de uma ama.

1899   Morre a sua avó paterna, Cacilda Vitorina.

1900   Ingressa no Liceu do Carmo.

1902   Começa a escrever poesia.

1904   O pai, de volta dos Estados Unidos, leva-o, em passeio, à França (Paris), à Suíça e à Itália (Veneza e Nápoles). Colabora num jornal estudantil, por ele financiado, O chinó, que o pai faz suspender por achá-lo demasiadamente satírico.

1905   Lê obras francesas, traduz poemas nesta língua e continua a escrever poesia.

1906   Vai para o Liceu São Domingos. Traduz poetas alemães e escreve monólogos curtos em verso.

1907   Participa como ator numa récita a favor das vítimas de um incêndio. Passa as férias com o pai, em Paris.

1908   Nova participação como autor. Escreve pequenos contos, que publica na revista *Azulejos*.

1909   É transferido para o Liceu Camões. Começa a escrever uma peça, *Amizade*, em colaboração com seu colega e amigo, Tomás Cabreira Júnior.

1911   O colaborador suicida-se, com um tiro, nas escadas do Liceu. Sá-Carneiro, abalado pela morte do amigo, escreve um poema: "A um suicida".
Reside de outubro a dezembro em Coimbra, matriculando-se na Faculdade de Direito, sem concluir o ano escolar, apesar dos pedidos do pai.

1912   23 de março: representa a peça *Amizade*. Publica o volume de novelas *Princípio*.
Trava conhecimento com Fernando Pessoa.
Maio: é publicada em Lisboa a peça *Amizade*;
outubro: vai a Paris, para se inscrever no curso de Direito da Sorbonne;
novembro: abandona o curso antes do fim do ano.

1913   Em 22 de fevereiro escreve a Fernando Pessoa, anunciando-lhe para breve a remessa de seu primeiro poema, "Partida".
Maio: envia a Fernando Pessoa os doze poemas que constituirão o volume *Dispersão*, seu primeiro livro de versos.
Junho: chega a Lisboa;
setembro: termina e publica *A confissão de Lúcio*, com data de 1914 e contendo *Dispersão*.

1914   Começa a projetar, com Fernando Pessoa, a revista *Orpheu*.
Junho: volta a Paris com o pai, que dali passará a Lourenço Marques. Escreve as novelas de *Céu em fogo* e os poemas de *Indícios de oiro*. Declarada a guerra, volta a Lisboa, passando por Barcelona, de onde escreve um cartão postal a Fernando Pessoa, comunicando-lhe a descoberta de uma verdadeira catedral paúlica, a catedral da Sagrada Família (de Antonio Gaudi), em início de construção.
Outubro: está de volta a Lisboa, instalando-se na casa paterna, na Praça dos Restauradores.

1915   Em abril sai *Orpheu I*, com grande e escandalosa repercussão no meio cultural português. No fim deste mês, é lançado *Céu em fogo*, conjunto de contos;
julho: sai *Orpheu II*, trazendo seu poema futurista "Manucure". Regressa incógnito a Paris. Atravessa séria crise financeira: o pai, tentando refazer a fortuna em Lourenço Marques, diminuíra-lhe a mesada. Mário escreve a Pessoa, pedindo-lhe que arranje dinheiro com o seu editor.
Agosto: envia-lhe nova carta, recriminando-o por ainda não lhe ter respondido, o que o leva ao desespero, pois o pai não dará dinheiro para custear *Orpheu III*.

1916   Em 15 de março, torna a escrever a Pessoa, em novas e mais graves dificuldades financeiras e crises sentimentais.
31 de março: anuncia ao amigo que se vai suicidar.
4 de abril: tranqüiliza-o momentaneamente, dizendo-lhe que sustou a execução do gesto trágico.
18 de abril: escreve-lhe a sua última e brevíssima carta.
26 de abril: suicida-se no seu quarto, no Hotel Nice, na rua Victor Massé, 29, em Paris, tomando cinco frascos de arseniato de estricnina.

ANTOLOGIA

Primeiros Poemas[7]

A *quinta da vitória*

Existe em Camarate,
Terreola suburbana
Uma quinta que encanta
Toda a alma... sendo humana!

Ela é mesmo um paraíso!
Essa quinta que é minha
Chama-lhe a gente do sítio
Da Vitória ou Ribeirinha.

Em essa bela vivenda
Em a qual eu fui criado,
Existe tudo o que existe
Desde a capela ao cerrado.

---

[7] Os sete poemas que aqui trazemos (de um conjunto de 47 transcritos da *Obra completa*, 1995, sob o título de "Primeiros poemas", escritos entre os 13 e os 23 anos), apresentam vários metros — heptassílabos e dodecassílabos, predominantemente, com seus quebrados de três e seis sílabas, mas também decassílabos e, mais raros, eneassílabos e octossílabos. A estrofe mais usada, em grande maioria, é a quadra (que permanecerá em boa parte da sua obra madura), mas há outros agrupamentos estróficos. No poema intitulado "Beijos", há mesmo um soneto que o autor de 19 anos considera *magistral*, no qual define o beijo de amor, deixado para o fim, por ser o verdadeiro.

Querem vender essa terra
Porque faz muita despesa.
Mas quando se fala disto
Digo eu assim com aspereza:

"Não vêem que essa quinta
Dá uma fruta tão bela?
Seus caturras duma figa
Sejam gratos pra com ela."

30 de julho de 1903
(aos 13 anos)

Mote[8]

Senhora dos olhos lindos
Dai-me a esmola dum olhar.

Glosa

Senhora dos olhos lindos,
Porque é que sois tão cruel?
As pombas não têm fel,
E vós sois pomba, senhora...
Tormentos vários, infindos,
Sem dó, me fazeis sofrer...
Morto, vós me quereis ver,

---

8   Esta experiência dos 18 anos, de retomada da poesia surgida no século XV, ele a tentou várias vezes, desde os 15 anos, com graça e brejeirice.

Não é verdade, traidora?
Respondei! Ficais calada!?...
Nesse caso adivinhei...
Pois muito bem! morrerei;
Morrerei, sem ter pesar!...
Minha vida amargurada
Eu vos vou dar, deusa qu'rida.[9]
Antes porém da "partida"
Daí-me a esmola dum olhar!...

> 9 de dezembro de 1908
> (aos 18 anos)

O estrume

> Ó *pobre estrume, como tu compões*
> *Estes pâmpanos doces como afagos!*
> Cesário Verde — "Nós"[10]

Eu sinto na minh'alma um singular prazer
Sempre que te revolvo, ó malcheiroso estrume!
Em vez de me enojar, teu fétido perfume
Inebriar me faz e faz-me reviver!

---

9   Indicamos aqui a elisão do *e* de *qu'rida* (que não está na edição de onde tiramos o poema), autorizada pela grafia utilizada logo abaixo, nos v. 1, 7, 12 do poema seguinte, já que a palavra deve ter duas sílabas, para manter o metro: a redondilha maior.

10 Nesta epígrafe está o reconhecimento explícito da influência que exerce a poesia de Cesário Verde sobre o jovem Sá-Carneiro, desde o título, dum realismo agressivo, que aquele haurira, pelo menos em parte, em Baudelaire. O juvenil autor as reflete, na expressão, como que deliciada, do mau cheiro, da podridão. Mas há mais no seu texto: há a presença da teoria darwiniana do transformismo, da descrença em Deus, da preferência pela natureza vegetal em contraposição à humana.

Em ti aspiro a vida, a vida vegetal,
A vida venturosa, honesta, santa e pura
Qu'expande flores no ar, raízes na fundura,
Que é bem melhor, enfim, do que a vida animal.

Homens nela não há. Toda a vegetação
Dum rei é desprovida. Ah! entre os vegetais
Podeis bem procurar; não achareis jamais
"Um ente sup'rior, dotado de razão!"

Sem conhecer o crime, o vício desconhece,
Não luta pela vida assassinando os seus;
Nenhuma ambição tem, não inventou um Deus;
Estrume e água e terra, é só do que carece.

O lixo que não presta é pelo solo cúpido
Tragado, elaborado, é ele que o sustenta:
Uma seara nasce, altiva, suculenta,
Dum monte d'excremento ou dum cadáver pútrido!

Eis como sai da morte a vida exuberante!
Transmigração bizarra! A carne do animal,
Morrendo, faz nascer a fibra vegetal
E ressuscita assim, mais forte, mais possante.

Entrai num cemitério e vede como as flores
Rebentam por ali. São verdes, são viçosas
Tal como as dum jardim. Os cravos e as rosas
Cheiram melhor até, têm mais vivas cores.

O "húmus" animal é esterco precioso,
É entre as podridões a mais vivificante:
Por isso cresceu mais, é mais luxuriante
O prado que brotou num prado de repouso.

*

A terra é nossa mãe? Parece-me que não:
Nós não vivemos nela, apenas "sobre ela";
Para vivermos nós nem precisamos tê-la,
Vivemos muito bem nas tábuas dum salão...

Dos vegetais é mãe, não há que duvidar:
É ela quem os pare, é quem os alimenta,
É quem por eles sofre, é quem os aguenta,
Nem uma ervazinha a pode dispensar.

Como todas as mães — a Virgem, excluída
Por ordem dos cristãos — a terra é fecundada.
O grão ou a semente a ela confiada,
No seu ventre germina, em breve está nascida.

O estrume para ela é o órgão fecundante:
De *espermen* a inunda, ereto, monstruoso!
Fazendo-a palpitar, o *phalus* vigoroso
Inoculou-lhe a vida: é *Mater* — triunfante!

Ela recebeu tudo e nada ela rejeita:
A horta e o pomar, o milho, o batatal,
O prado e a floresta, a vinha, o olival,
A terra cria tudo, é mãe que não enjeita!

E quem há-de dizer ao ver uma estrumeira,
Ao ver esse montão heterogêneo, imundo,
Que a todo fruto e flor que nasce neste mundo
De sustento serviu, serviu de criadeira?

Só isto indica bem a estreita ligação
Da morte com a vida e prova, concludente,
Que tudo quanto existe é feito unicamente
Da mesma lama vil, sempre em transformação!
....

Eu sinto na minh'alma um singular prazer,
Se a revolver me ponho o malcheiroso estrume.
Em vez de me enojar, seu fétido perfume
Enebriar me faz e faz-me reviver!

Camarate, setembro 1909.
(aos 19 anos)

Beijos

(Monólogo)[11]

"Beijar!", linda palavra!... Um verbo regular
    Que é muito irregular
      Nos tempos e nos modos...

Conheço tanto beijo e tão dif'rentes todos!...

Um beijo pode ser amor ou amizade
    Ou mera cortesia,
E muita vez até, dizê-lo é crueldade,
    É só hipocrisia.

---

[11] Vários monólogos escreveu o poeta, quase todos chamados por ele "cômicos". A sua inclinação para o teatro desperta cedo.

O doce beijo de mãe
É o mais nobre dos beijos,
Não é beijo de desejos,
Valor maior ele tem:
É o beijo cuja fragrância
Nos faz secar na infância
Muita lágrima... feliz;
Na vida esse beijo puro
É o refúgio seguro
Onde é feliz o infeliz.

Entre as damas o beijo é praxe estab'lecida,
Cumprimento banal — ridículos da vida! —:

(*Imitando o encontro de duas senhoras na rua*)

— Como passou, está bem? (Um beijo.) O seu marido?
(Mais beijos) — De saúde. E o seu, Dona Mafalda?
— Agora menos mal. Faz um calor que escalda,
Não acha? — Ai, Jesus!, que tempo aborrecido!...

Beijos dados assim, já um poeta o disse,
  Beijos perdidos são.
  (Perder beijos!, que tolice!
  Porque é que a mim os não dão?)

O *osculum pacis* dos cardeais
É outro beijo de civilidade;
Beijos paternos ou fraternais
São castos beijos, só amizade.

  As flores também se beijam
  Em beijos incandescidos,

Muito embora se não vejam
Os ternos beijos das flores.

Há outros beijos perdidos:
    Aqui mesmo,
Há aqueles que os atores
    Dão a esmo,
Dão a esmo e a granel...
Porque lhes marca o papel.

— Mas o beijo de amor?
    Sossegue o espectador,
    Não fica no tinteiro;
Guardei-o para fim por ser o "verdadeiro".

Com ele agora arremeto
E como é o principal,
Vai apanhar um soneto
Magistral:

Um beijo de amor é delicioso instante
Que vale muito mais do que um milhão de vidas,
É bálsamo que sara as mais cruéis feridas,
É turbilhão de fogo, é espasmo delirante!

Não é um beijo puro. É beijo estonteante,
Pecado que abre o céu às almas doloridas.
Ah! Como é bom pecar co'as bocas confundidas
Num desejo brutal de carne palpitante!

Os lábios sensuais duma mulher amada
Dão vida e dão calor. É vida desgraçada
A do *feliz* que nunca um beijo neles deu;

É a vida venturosa a vida de tortura
Daquele que coa boca unida à boca impura
Da sua amante querida, amou, penou, morreu.[12]

(*Pausa — mudando de tom*)

Desejava terminar
A beijar a minha amada,
Mas como não tenho amada,

(*A uma espectadora*)

Vossência é que vai pagar...
Não se zangue. A sua face
Consinta que eu vá beijar...
.... (*atira-lhe um beijo*)
Um beijo pede-se e dá-se,
Não vale a pena corar...

Fevereiro de 1910
(aos 19 anos)

Quadras para a desconhecida

Ó minha desconhecida
Que formosa deves ser...
Dava toda a minha vida
Só para te conhecer!

---

12 Este talvez primeiro soneto de Sá-Carneiro, já é bastante bem realizado e apresenta uma forte dose de sensualidade, que se acentuará mais tarde — um *mais tarde* que tardará no máximo 7 anos.

Mais fresca e mais perfumada
Do que as manhãs luminosas,
A tua carne dourada
Como há-de saber a rosas!

Da minha boca de amante
Será o manjar preferido
O teu corpo esmaecido
Todo nu e perturbante.

Que bem tu me hás-de beijar
Com os teus lábios viçosos!
Os teus seios capitosos
Como hão-de saber amar!...

Os teus cabelos esparsos
Serão o manto da noite,
Um refúgio onde me acoite
Do sol dos teus olhos garços.

Olhos garços, cor do céu,
Cabelos de noite escura,
Será feita de incoerências
Toda a tua formosura.

Os dias que vou vivendo
Tão desolados e tristes
É na esp'rança de que existes
Que os vivo... e que vou sofrendo...

3 de setembro de 1911
(aos 21 anos)

A um suicida[13]

À memória de Tomás Cabreira Júnior

Tu crias em ti mesmo e eras corajoso,
Tu tinhas ideais e tinhas confiança,
Oh! quantas vezes desesp'rançoso,
Não invejei a tua esp'rança!

Dizia para mim: — Aquele há-de vencer
Aquele há-de colar a boca sequiosa
Nuns lábios cor-de-rosa
Que eu nunca beijarei, que me farão morrer...

A nossa amante era a Glória
Que para ti — era a vitória,
E para mim — asas partidas.
Tinhas esp'ranças, ambições...
As minhas pobres ilusões,
Essas estavam já perdidas...

Imersa no azul dos campos siderais
Sorria para ti a grande encantadora,
A grande caprichosa, a grande amante loura
Em que tínhamos posto os nossos ideais.

Robusto caminheiro e forte lutador
Havias de chegar ao fim da longa estrada
De corpo avigorado e de alma avigorada
Pelo triunfo e pelo amor.

---

13 O suicídio de Tomás Cabreira Júnior, seu amigo, com quem escrevera a peça *Amizade*, que será representada no ano seguinte, marcou-o profundamente.

Amor! Quem tem vinte anos
Há-de por força amar.
Na idade dos enganos
Quem se não há-de enganar?

Enquanto tu vencerias
Na luta heróica da vida
E, sereno, esperarias
Aquela segunda vida
Dos bem-fadados da Glória
Dos eternos vencedores
Que revivem na memória —
Sem triunfos, sem amores,
Eu teria adormecido
Espojado no caminho,
Preguiçoso, entorpecido,
Cheio de raiva, daninho...

Recordo com saudade as horas que passava
Quando ia a tua casa e tu, muito animado,
Me lias um trabalho há pouco terminado,
Na salazinha verde em que tão bem se estava.

Dizíamos ali sinceramente
As nossas ambições, os nossos ideais:
Um livro impresso, um drama em cena, o nome nos jornais...
Dizíamos tudo isso, amigo, seriamente...

Ao pé de ti, voltava-me a coragem:
Queria a Glória... Ia partir!
Ia lançar-me na voragem!
Ia vencer ou sucumbir!...

....

Ai! mas um dia, tu, o grande corajoso,
Também desfaleceste.
Não te espojaste, não. Tu eras mais brioso:
Tu, morreste.

Foste vencido? Não sei.
Morrer não é ser vencido,
Nem é tão pouco vencer.

Eu por mim, continuei
Espojado, adormecido,
A existir sem viver.

Foi triste, muito triste, amigo, a tua sorte —
Mais triste do que a minha e malaventurada.
... Mas tu inda alcançaste alguma coisa: a morte,
E há tantos como eu que não alcançam nada...

Lisboa, 1º de outubro de 1911
(aos 21 anos)

Simplesmente[14]

Em frente dos meus olhos, ela passa
Toda negra de crepes lutuosos.
Os seus passos são leves, vigorosos;
No seu perfil há distinção, há raça

Paris. Inverno e sol. Tarde gentil,
Crianças chilreantes deslizando...
Eu perco o meu olhar de quando em quando,
Olhando o azul, sorvendo o ar de Abril.

... Agora sigo a sua silhueta
Até desapar'cer no boulevard,
E eu que não sou nem nunca fui poeta,[15]
Estes versos começo a meditar.

---

14   Este poema, enviado por Sá-Carneiro a Fernando Pessoa em carta de fevereiro de 1913 (1958, p. 192-197), se compunha de 52 versos, exatamente divididos em duas partes, de 13 quadras cada uma, e era precedido de uma recomendação: "Vai junto uma poesia. Peço-lhe que a leia ao chegar a este ponto, avisando-o unicamente que não se assuste nem com o título, nem com as primeiras quadras *naturais*. A poesia, ao *meio, vira em parábola para outras regiões* (grifo nosso, visando a acentuar a mudança total de direção do poema). Peço-lhe que a leia já porque é mais fácil depois ler o que sobre ela escrevo agora. Mesmo para não tomar conhecimento dela já desflorada pelas citações que vou fazer. Aqui é que é a *leitura*." Logo abaixo — Pessoa já teria lido o poema — ele acrescenta: "Eu gosto dos versos que o meu amigo teve a pachorra de acabar de ler. Não lhes dou importância, não os amo — gosto, apenas — porque, por razoáveis que sejam, não são versos escritos por um poeta. Logo, são maus versos." Às 13 quadras iniciais, que ele classifica como *naturais*, seguem-se as outras 13, *irreais, ideais*. Estas últimas, desprendidas das primeiras, constituirão o poema de abertura do volume *Dispersão*, que sairá em 1914, sob o título "Partida", que se mantém nesta Antologia, como em todas as edições do poeta, com algumas alterações suas nas estrofes 1 e 3, e com a inserção de uma quadra inicial (que não havia na versão enviada na carta).
15   É curioso que Sá-Carneiro, a meu ver visceralmente poeta, duvide do seu gênio.

Perfil perdido... Imaginariamente,
Vou conhecendo a sua vida inteira.
Sei que é honesta, sã, trabalhadeira,
E que o pai lhe morreu recentemente.

(Ah! como nesse instante a invejei,
Olhando a minha vida deplorável —
A ela, que era enérgica e prestável,
Eu, que até hoje nunca trabalhei!...)

A dor foi muito, muito grande. Entanto
Ela e a mãe souberam resistir.
Nunca devemos sucumbir ao pranto;
É preciso ter força e reagir.

Ai daqueles — os fracos — que sentindo
Perdido o seu amparo, o seu amor,
Caem por terra, escravos duma dor
Que é apenas o fim dum sonho lindo.

Elas trabalham. Têm confiança.
Se às vezes o seu pranto é mal retido,
Em breve seca, e volta-lhes a esp'rança
Com a alegria do dever cumprido.

Assim vou suscitando, em fantasia,
Uma existência calma e santa e nobre.
Toda a ventura duma vida pobre
Eu compreendo neste fim de dia:

Para um bairro longínquo e salutar,
Uma casa modesta e sossegada;
Seis divisões (a renda é limitada)
Mas que gentil salinha de jantar...

Alegre, confortável e pequena;
Móveis úteis, sensatos e garridos...
Pela janela são jardins floridos
E a serpente aquática do Sena.

Respira-se um aroma a gentileza
No jarro das flores, sobre o fogão;
Quem as dispôs em tanta devoção,
Foram dedos de noiva, com certeza.

Ai que bem-estar, ai que serenidade...
A fé robusta dispersou a dor...
Naquela vida faz calor e amor,
E tudo nela é paz, simplicidade!

Dispersão

Partida[16]

Ao ver escoar-se a vida humanamente
Em suas águas certas, eu hesito,
E detenho-me às vezes na torrente
Das coisas geniais[17] em que medito.

Afronta-me um desejo de fugir
Ao mistério que é meu e me seduz.
Mas logo me triunfo.[18] A sua luz
Não há muitos que a saibam refletir.

A minh'alma nostálgica de além,[19]
Cheia de orgulho, ensombra-se entretanto,
Aos meus olhos ungidos sobe um pranto
Que tenho a força de sumir também.

---

16 Como se disse na nota anterior, este poema era a segunda parte do que, intitulado "Simplesmente", Sá-Carneiro enviara a Pessoa em carta de 26 de fevereiro de 1913. Depois, acrescentara-lhe uma quadra inicial e fizera-lhe pequenas, mas importantes alterações.
17 Já no seu primeiro poema se reflete a megalomania do poeta.
18 Emprego inusitado e extremamente expressivo do verbo pronominado.
19 "A minh'alma nostálgica de além" — verso-chave da atitude de Sá-Carneiro diante da vida, que o aproxima de Pessoa.

Porque eu reajo. A vida, a natureza,
Que são para o artista? Coisa alguma.
O que devemos é saltar na bruma,[20]
Correr no azul à busca da beleza.

É subir, é subir além dos céus
Que as nossas almas só acumularam,
E prostrados rezar, em sonho, ao Deus
Que as nossas mãos de auréola lá douraram.

É partir sem temor contra a montanha
Cingidos de quimera e de irreal;
Brandir a espada fulva e medieval,
A cada hora acastelando em Espanha.

É suscitar cores endoidecidas,[21]
Ser garra imperial enclavinhada,
E numa extrema-unção de alma ampliada,
Viajar outros sentidos, outras vidas.

Ser coluna de fumo, astro perdido,
Forçar os turbilhões aladamente,
Ser ramo de palmeira, água nascente
E arco de oiro e chama distendido...

---

20 Deste verso ao último da 9ª estrofe, Sá-Carneiro ostenta, com orgulho, o seu ideal de artista.
21 Notar a presença da cor em todo o poema e, sobretudo, neste verso. Como já tivemos ocasião de sublinhar no estudo crítico, a cor é elemento preponderante na poesia de Sá-Carneiro, aplicando-se às coisas concretas, bem como aos sentimentos e estados d'alma: ao roxo vai sempre ligada a idéia de tristeza, assim como ao ruivo se liga um sentido de sensualidade, ao azul, uma certa melancolia e ao doirado, áureo ou de oiro, o esplendor das coisas preciosas.

Asa longínqua a sacudir loucura,
Nuvem precoce de sutil vapor,
Ânsia revolta de mistério e olor,
Sombra, vertigem, ascensão — Altura!

E eu dou-me todo neste fim de tarde
A espira aérea que me eleva aos cumes.
Doido de esfinges o horizonte arde,
Mas fico ileso entre clarões e gumes!...

Miragem roxa de nimbado encanto —
Sinto os meus olhos a volver-se em espaço!
Alastro, venço, chego e ultrapasso;
Sou labirinto, sou licorne e acanto.[22]

Sei a distância, compreendo o Ar;
Sou chuva de oiro e sou espasmo de luz,[23]
Sou taça de cristal lançada ao mar,
Diadema e timbre,[24] elmo real e cruz...

....
....

O bando das quimeras longe assoma...
Que apoteose imensa pelos céus!
A cor já não é cor — é som e aroma![25]
Vêm-me saudades de ter sido Deus...

---

22 É freqüente na poesia de Sá-Carneiro o emprego do vocabulário simbolista.
23 Deve ler-se este verso: *Sou / chu / va / de oí / ro e / sou es / pas / mo / de / luz*.
24 O uso de termos heráldicos, tão caro aos simbolistas, também o é a Sá-Carneiro.
25 Uma das mais belas sinestesias de toda a obra poética de Sá-Carneiro.

Ao triunfo maior, avante, pois!
O meu destino é outro — é alto e é raro.
Unicamente custa muito caro:
A tristeza de nunca sermos dois...

Escavação

Numa ânsia de ter alguma coisa,
Divago por mim mesmo a procurar,
Desço-me todo, em vão, sem nada achar,
E a minh'alma perdida não repousa.

Nada tendo, decido-me a criar:
Brando a espada: sou luz harmoniosa
E chama genial que tudo ousa
Unicamente à força de sonhar...

Mas a vitória fulva esvai-se logo...
E cinzas, cinzas só, em vez de fogo...
— Onde existo que não existo em mim?[26]

....
....

Um cemitério falso[27] sem ossadas,
Noites d'amor sem bocas esmagadas —
Tudo outro espasmo que princípio ou fim...

---

26 Este é o problema máximo do poeta: a busca do próprio ser.
27 Apesar da afirmação reiterada da própria genialidade, sente-se Sá-Carneiro incapaz de realizar-se, inseguro, falso. Este último adjetivo volta-lhe aos lábios e à pena a cada insucesso, e teremos o cuidado de assinalá-lo.

Inter-sonho

Numa incerta melodia
Toda a minh'alma se esconde.
Reminiscências de Aonde[28]
Perturbam-me em nostalgia...

Manhã de armas! Manhã de armas!
Romaria! Romaria!

....

Tateio... dobro... resvalo...

....

Princesas de fantasia
Desencantam-se das flores...

....

Que pesadelo tão bom...

....

Pressinto um grande intervalo,
Deliro todas as cores,[29]
Vivo em roxo e morro em som...

---

28 Pela substantivação do advérbio de lugar, o poeta consegue localizar no impreciso a origem de suas reminiscências.
29 Regência inusitada do verbo "delirar", denotativa da íntima afinidade do poeta com as cores e a sua acuidade sensorial que também se manifesta no último verso: "Vivo em roxo e morro em som".

Álcool

Guilhotinas, pelouros e castelos
Resvalam longemente em procissão;
Volteiam-me crepúsculos amarelos,
Mordidos, doentios de roxidão.

Batem asas de auréola aos meus ouvidos,[30]
Grifam-me sons de cor e de perfumes,[31]
Ferem-me os olhos turbilhões de gumes,
Descem-me a alma, sangram-me os sentidos.

Respiro-me no ar que ao longe vem,
Da luz que me ilumina participo;
Quero reunir-me e todo me dissipo —[32]
Luto, estrebucho... Em vão! Silvo p'ra além...

Corro em volta de mim sem me encontrar...[33]
Tudo oscila e se abate como espuma...
Um disco de oiro surge a voltear...
Fecho os meus olhos com pavor da bruma...

---

30 Aproximamos esta frase — "asas de auréola" — desta outra do poema "Partida" (v. 20) — "mãos de auréola", embora não percebendo bem o sentido que lhes atribui o poeta; será, talvez, o de asas e mãos que coroam, que glorificam, mas cremos que o vocábulo "auréola" vale muito pela presença do oiro e por sua beleza sonora que terá impressionado o sensorial e simbolista Sá-Carneiro.
31 Nova sinestesia — visual-sonoro-olfativa —, esta muito especial: os sons são o agente, a cor e o perfume são o instrumento, o poeta é o paciente. Desta maneira estranha e original o poeta acentua a sua passividade perante o exterior, que procuraremos assinalar.
32 Não esqueça o leitor que o título do volume é Dispersão.
33 Cf. a nota 11, do poema "Escavação".

Que droga foi a que me inoculei?
Ópio de inferno em vez de paraíso?...
Que sortilégio a mim próprio lancei?
Como é que em dor genial[34] eu me eterizo?

Nem ópio nem morfina. O que me ardeu,
Foi álcool mais raro e penetrante:
É só de mim que ando delirante —
Manhã tão forte que me anoiteceu.[35]

Vontade de dormir

Fios de oiro puxam por mim
A soerguer-me na poeira —
Cada um para o seu fim,
Cada um para o seu norte...

....

— Ai que saudades da morte...

....

Quero dormir... ancorar...

....

---

34 Cf. a nota 17, do poema "Partida".
35 Nestes dois elementos antitéticos colocados no início e no fim do último verso do poema, Sá-Carneiro sintetiza a dualidade do seu ser e a disparidade existente entre ele e o outro.

Arranquem-me esta grandeza!
— P'ra que me sonha a beleza,[36]
Se a não posso transmigrar?...

Dispersão[37]

Perdi-me dentro de mim
Porque eu era labirinto[38]
E hoje, quando me sinto,
É com saudades de mim.

Passei pela minha vida
Um astro doido a sonhar.
Na ânsia de ultrapassar,
Nem dei pela minha vida...

Para mim é sempre ontem,
Não tenho amanhã nem hoje:
O tempo que aos outros foge
Cai sobre mim feito ontem.

(O Domingo de Paris
Lembra-me o desaparecido[39]

---

36 Note-se a atitude de passividade do poeta perante as coisas exteriores, aqui expressa na inversão de posições: a beleza o sonha, ele é o sonhado.
37 Em carta a Fernando Pessoa, datada de Paris, de 3/5/1913, Sá-Carneiro conta-lhe a gênese destes versos: estava ele só, sentado na terrasse de um café, e, para passar o tempo, fazia bonecos num papel; súbito, começou a escrever versos "como que automaticamente". Assim fez mais de metade das quadras, "boa tradução do estado sonolento, maquinal, em que escrevera esses versos". O resto do poema, fê-lo no dia seguinte, "num estado normal e refletidamente".
38 O poeta insiste em definir-se como labirinto; cf. "Partida", v. 44.
39 Deve ler-se: desapar'cido.

Que sentia comovido
Os Domingos de Paris:

Porque um domingo é família,
É bem-estar, é singeleza,
E os que olham a beleza
Não têm bem-estar nem família.)[40]

O pobre moço das ânsias...
Tu, sim, tu eras alguém!
E foi por isso também
Que te abismaste nas ânsias.

A grande ave doirada
Bateu asas para os céus
Mas fechou-as saciada
Ao ver que ganhava os céus.[41]

Como se chora um amante,
Assim me choro a mim mesmo:
Eu fui amante inconstante
Que se traiu a si mesmo.

Não sinto o espaço que encerro
Nem as linhas que projeto:
Se me olho a um espelho, erro —
Não me acho no que projeto.[42]

---

40 Aproximem-se estes versos dos dois últimos de "Partida".
41 O poeta é um permanente insatisfeito, pois, uma vez atingido, o ideal não mais o é. É a mesma atitude do Fernando Pessoa ortônimo, quando se lamenta: "E, quando o tive, sem razão p'ra o ter."
42 No estudo crítico que serve de introdução ao segundo volume das *Obras completas* de Mário de Sá-Carneiro, João Gaspar Simões assim interpreta estes versos: "Esta quadra do poema 'Dispersão' diz bem a natureza da sua sensibilidade. Por falta de densidade nervosa, Sá-Carneiro sentia-se transparente: não detinha a sensação do mundo, a percepção da realidade atravessava-o, deixava-o sem imagem no espelho."

Regresso dentro de mim
Mas nada me fala, nada!
Tenho a alma amortalhada,
Sequinha, dentro de mim.

Não perdi a minha alma,
Fiquei com ela, perdida.
Assim eu choro, da vida,
A morte da minha alma.

Saudosamente recordo
Uma gentil companheira
Que na minha vida inteira
Eu nunca vi... mas recordo

A sua boca doirada
E o seu corpo esmaecido,
Em um hálito perdido
Que vem na tarde doirada.

(As minhas grandes saudades
São do que nunca enlacei.
Ai, como eu tenho saudades
Dos sonhos que não sonhei!...)[43]

E sinto que a minha morte —
Minha dispersão total —

---

[43] A saudade do que não pôde ter é sentimento que também aflige, embora com matiz algo diverso, a Fernando Pessoa. Pela boca de seu heterônimo Álvaro de Campos, diz: "... o que nunca foi, nem será para trás, me dói..."(CAMPOS, Álvaro de. *Poemas*. Fixação do texto, introdução e notas de Cleonice Berardinelli. Rio de Janeiro: Nova Fronteira, 1999, poema 130, v. 34).

Existe lá longe, ao norte,
Numa grande capital.⁴⁴

Vejo o meu último dia
Pintado em rolos de fumo,
E todo azul-de-agonia
Em sombra e além me sumo.

Ternura feita saudade,
Eu beijo as minhas mãos brancas...
Sou amor e piedade
Em face dessas mãos brancas...

Tristes mãos longas e lindas
Que eram feitas p'ra se dar...
Ninguém mas quis apertar...
Tristes mãos longas e lindas...⁴⁵

Eu tenho pena de mim,
Pobre menino ideal...
Que me faltou afinal?
Um elo? Um rastro?... Ai de mim!...⁴⁶

---

44 Na carta de 3/5/1913, datada de Paris, assim se refere Sá-Carneiro a esta estrofe: "A quadra 15ª não tem beleza, se lha indico é porque acho muito singular o tê-la escrito. Que quer dizer isso? Parece uma profecia... Por que a escrevi eu?"
45 O narcisismo de Sá-Carneiro tem aqui uma de suas mais fortes manifestações. Aliás, a ternura pelas próprias mãos é o tema de muitos versos seus.
46 Em carta a Gaspar Simões, de 11/12/1931 (PESSOA, Fernando. *Cartas a João Gaspar Simões*. Lisboa: Europa-América [1957], p. 99), escreve F. Pessoa: "[...] os a quem a mãe faltou por morte (a não ser que sejam secos de índole, como o não era Sá-Carneiro) viram sobre si mesmos a ternura própria, numa substituição de si mesmos à mãe incógnita [...]"

Desceu-me n'alma o crepúsculo;
Eu fui alguém que passou.
Serei, mas já não me sou;[47]
Não vivo, durmo o crepúsculo.

Álcool dum sono outonal
Me penetrou vagamente
A difundir-me dormente
Em uma bruma outonal.

Perdi a morte e a vida,
E, louco, não enlouqueço...[48]
A hora foge vivida
Eu sigo-a, mas permaneço...

....

Castelos desmantelados,
Leões alados sem juba...[49]

....

---

47 O verbo "ser" está aqui na acepção de existir: existirei, mas já não existo para mim, isto é, não tenho consciência de minha existência.
48 É o terrível estado de espírito de Álvaro de Campos (op. cit., poema 65, v. 18). "Estou lúcido e louco."
49 Ainda na carta de Paris, de 3/5/1913, encontra-se este autojulgamento: "Do final da poesia gosto muito, muitíssimo, por terminar quebradamente, em desalento de orgulho: leões que são mais que leões, pois têm asas e aos quais no entanto arrancaram as jubas, a nobreza mais alta, toda a beleza das grandes feras douradas."

Estátua falsa[50]

Só de oiro falso os meus olhos se douram;
Sou esfinge sem mistério no poente.
A tristeza das coisas que não foram[51]
Na minh'alma desceu veladamente.

Na minha dor quebram-se espadas de ânsia,
Gomos de luz em treva se misturam.
As sombras que eu dimano[52] não perduram,
Como Ontem, para mim, Hoje é distância.[53]

Já não estremeço em face do segredo;[54]
Nada me aloira já, nada me aterra:
A vida corre sobre mim em guerra,
E nem sequer um arrepio de medo![55]

Sou estrela ébria que perdeu os céus,
Sereia louca que deixou o mar;
Sou templo prestes a ruir sem deus,
Estátua falsa ainda erguida ao ar...

---

50 Cf. a nota 27, do poema "Escavação".
51 Cf. a nota 43 do poema "Dispersão".
52 Emprego inusitado do verbo "dimanar" como transitivo direto.
53 Cf. "Dispersão", v. 11-12: "O tempo que aos outros foge / Cai sobre mim feito ontem."
54 É freqüente em Sá-Carneiro a sinalefa do ditongo com a vogal seguinte (cf. nota 23, do poema "Partida"). No atual poema ela se dá nos v. 2 (Sou esfinge...), 9 (Já não estremeço...) e 13 (Sou estrela...).
55 Deve ler-se "arrepio" em três sílabas.

Quase[56]

Um pouco mais de sol — eu era brasa,
Um pouco mais de azul — eu era além.
Para atingir, faltou-me um golpe de asa...[57]
Se ao menos eu permanecesse aquém...

Assombro ou paz? Em vão... Tudo esvaído
Num baixo mar enganador de espuma;
E o grande sonho despertado em bruma,
O grande sonho — ó dor! — quase vivido...

Quase o amor, quase o triunfo e a chama,
Quase o princípio e o fim — quase a expansão...
Mas na minh'alma tudo se derrama...
Entanto nada foi só ilusão!

De tudo houve um começo... e tudo errou...
— Ai! a dor de ser — quase, dor sem fim...—
Eu falhei-me[58] entre os mais, falhei em mim,
Asa que se elançou mas não voou...[59]

Momentos de alma que desbaratei...
Templos aonde nunca pus um altar...
Rios que perdi sem os levar ao mar...[60]
Ânsias que foram mas que não fixei...

---

56 Essa angústia de ser quase também assalta a Fernando Pessoa.
57 Aquela mesma "asa longínqua a sacudir loucura" com que o poeta se propunha "subir além dos céus" (cf. "Partida", v. 17).
58 "Falhei-me": não conhecemos outro exemplo deste verbo como reflexivo. Parece-nos uma das inovações de Sá-Carneiro — o pronome tem visível função intensiva.
59 Elançou — galicismo, do fr. *élancer*; em Eça de Queirós (*A cidade e as serras*) encontra-se o substantivo "elance".
60 Deve ler-se "rios" numa só sílaba.

Se me vagueio, encontro só indícios...
Ogivas para o sol — vejo-as cerradas;
E mãos de herói, sem fé, acobardadas,
Puseram grades sobre os precipícios...

Num ímpeto difuso de quebranto,
Tudo encetei e nada possuí...
Hoje, de mim, só resta o desencanto
Das coisas que beijei mas não vivi...

....
....
Um pouco mais de sol — e fora brasa,
Um pouco mais de azul — e fora além.
Para atingir, faltou-me um golpe de asa...
Se ao menos eu permanecesse aquém...[61]

Como eu não possuo[62]

Olho em volta de mim. Todos possuem —
Um afeto, um sorriso ou um abraço.
Só para mim as ânsias se diluem
E não possuo mesmo quando enlaço.

---

61 Esta estrofe repete, quase integralmente, a primeira. As outras são apenas o desenvolvimento poético que Sá-Carneiro dá ao seu cogitar, todo ele densamente contido nestes quatro versos. A única diferença entre as estrofes extremas está no tempo do verbo "ser", que passa do imperfeito ao mais-que-perfeito do indicativo, numa gradação temporal que corresponde à crescente impossibilidade de atingir.
62 Neste poema, Sá-Carneiro dá vazão a todo o seu sensualismo exacerbado.

Roça por mim, em longe, a teoria
Dos espasmos golfados ruivamente;[63]
São êxtases da cor que eu fremiria,[64]
Mas a minh'alma pára e não os sente!

Quero sentir. Não sei... perco-me todo...
Não posso afeiçoar-me nem ser eu:
Falta-me egoísmo para ascender ao céu,[65]
Falta-me unção p'ra me afundar no lodo.

Não sou amigo de ninguém. P'ra o ser
Forçoso me era antes possuir
Quem eu estimasse — ou homem ou mulher,
E eu não logro nunca possuir!...

Castrado de alma e sem saber fixar-me,
Tarde a tarde na minha dor me afundo...
Serei um emigrado doutro mundo
Que nem na minha dor posso encontrar-me?...

Como eu desejo a que ali vai na rua,
Tão ágil, tão agreste, tão de amor...
Como eu quisera emaranhá-la nua,
Bebê-la em espasmos de harmonia e cor!...

---

63 Do adjetivo "ruivo", bastante encontradiço em sua obra, forma Sá-Carneiro o advérbio "ruivamente", também encontrado no título de um seu soneto — "Certa voz na noite ruivamente..." — que não incluímos nesta antologia. Se ao adjetivo, como ficou dito atrás, pode-se atribuir quase sempre um certo grau de sensualidade, o advérbio equivale sem dúvida a "sensualmente", com o acréscimo plástico fornecido pela cor.
64 O verbo "fremir", com o objeto direto "cor", equivale ao verbo "delirar" cuja regência procuramos interpretar na nota 29, do poema "Inter-sonho".
65 Se lermos "p'ra" em lugar de "para", este verso será um decassílabo, como todos os outros. Não nos parece, entretanto, que assim se deva fazer: segundo o testemunho de Fernando Pessoa, Mário de Sá-Carneiro era muito meticuloso na revisão de seus poemas e mesmo as variantes ortográficas correspondiam a intenções especiais. É possível que neste verso mais longo (com acentuação na 4ª, 9ª e 11ª sílabas), ele tenha querido dar a impressão do esforço exigido para a ascensão.

Desejo errado... Se a tiver um dia,
Toda sem véus, a carne estilizada
Sob o meu corpo arfando transbordada,
Nem mesmo assim — ó ânsia! — eu a teria...

Eu vibraria só agonizante
Sobre o seu corpo de êxtases doirados,
Se fosse aqueles seios transtornados,
Se fosse aquele sexo aglutinante...

De embate ao meu amor todo me ruo,
E vejo-me em destroço até vencendo:
É que eu teria só, sentindo e sendo,
Aquilo que estrebucho e não possuo.

....

Além-tédio

Nada me expira já, nada me vive —[66]
Nem a tristeza nem as horas belas.
De as não ter e de nunca vir a tê-las,
Fartam-me até as coisas que não tive.[67]

---

66 O poeta, que seria normalmente o sujeito da ação, passa a objeto, e objeto de verbos intransitivos. Muito bem nota J. Gaspar Simões, em estudo crítico sobre o poeta (SÁ-CARNEIRO, Mário de. *Poesías*, p. 31): "Como não compreender a dor deste homem, presa impotente da vida? Como não ver nele uma espécie de símbolo de todos os nossos poetas que se encontraram diante da vida condenados a suportá-la, vítimas da sua fatalidade irremediável — passivos instrumentos?". Cf. a nota 35, do poema "Vontade de dormir".

67 Note-se a insistência com que o poeta fala das coisas inexistentes, que para ele na verdade existem, a ponto de até fartar-se delas.

Como eu quisera, enfim de alma esquecida,
Dormir em paz num leito de hospital...[68]
Cansei dentro de mim, cansei a vida[69]
De tanto a divagar em luz irreal.

Outrora imaginei[70] escalar os céus
À força de ambição e nostalgia,
E doente-de-Novo, fui-me Deus
No grande rastro fulvo que me ardia.

Parti. Mas logo regressei à dor,
Pois tudo me ruiu... Tudo era igual:
A quimera, cingida, era real,[71]
A própria maravilha tinha cor!

Ecoando-me[72] em silêncio, a noite escura
Baixou-me assim na queda sem remédio;
Eu próprio me traguei na profundura,
Me sequei todo, endureci de tédio.

E só me resta hoje uma alegria:
É que, de tão iguais e tão vazios,
Os instantes me esvoam dia a dia
Cada vez mais velozes, mais esguios...

---

68 Este anelo ele o exprimirá novamente, dois anos mais tarde, em "Caranguejola".
69 Na verdade, não foi ele que cansou a vida, mas ela que o cansou, ou ele que se cansou dela. Ele atribui ao verbo, nesta regência, uma significação diferente da usual.
70 Novamente, sinalefa entre o ditongo e a vogal seguinte: i / ma / gi / nei es / ca / lar.
71 A decepção do poeta é causada por um motivo entranhadamente poético: a realidade real da sua quimera...
72 Cf. a nota 71, a este mesmo poema. Com a antítese — ecoando e silêncio — o poeta tira ao verbo o seu valor acústico, conservando apenas, ou quase, a idéia de repetição, de resposta.

A *queda*

E eu que sou o rei de toda esta incoerência,
Eu próprio turbilhão, anseio por fixá-la
E giro até partir... Mas tudo me resvala
Em bruma e sonolência.

Se acaso em minhas mãos fica um pedaço de oiro,
Volve-se logo falso...[73] ao longe o arremesso...
Eu morro de desdém em frente dum tesoiro,
Morro à míngua, de excesso.[74]

Alteio-me na cor à força de quebranto,
Estendo os braços de alma — e nem um espasmo venço!...
Peneiro-me na sombra — em nada me condenso...
Agonias de luz eu vibro ainda entanto.

Não me pude vencer, mas posso-me esmagar,
— Vencer às vezes é o mesmo que tombar —
E como inda sou luz, num grande retrocesso,
Em raivas ideais ascendo até ao fim:
Olho do alto o gelo, ao gelo me arremesso...
....
Tombei...

                E fico só esmagado sobre mim!...

---

73 Sempre a obsessão do falso.
74 Cf. a nota 42, do poema "Dispersão". Neste último verso está sintetizada a incapacidade para a vida, que levará Sá-Carneiro ao suicídio. Tem em si desejos e possibilidades — o tesoiro excessivo — mas sente-se inapto para realizá-los e o oiro, ao seu contato, se torna falso.

Indícios de oiro

Epígrafe

A sala do castelo é deserta e espelhada.

Tenho medo de Mim. Quem sou? De onde cheguei?
Aqui, tudo já foi... Em sombra estilizada,
A cor morreu — e até o ar é uma ruína...
Vem de Outro tempo a luz que me ilumina —
Um som opaco me dilui em Rei...[75]

---

[75] Este poema é bem a epígrafe adequada ao volume de versos que inicia. Nele, tudo são indícios, sinais que ficaram do que passou: o vazio da sala, a sombra que já foi cor, a ruína do que fora o ar, a luz vinda do passado — e de um passado Outro —, o som que perdeu a sonoridade... Note-se, daqui em diante, o emprego por vezes abusivo das maiúsculas.

Nossa Senhora de París[76]

Listas de som avançam para mim a fustigar-me
Em luz.[77]
Todo a vibrar, quero fugir... Onde acoitar-me?
Os braços duma cruz
Anseiam-se-me,[78] e eu fujo também ao luar...[79]

Um cheiro a maresia
Vem-me refrescar,
Longínqua melodia
Toda saudosa a Mar...
Mirtos e tamarindos
Odoram a lonjura;
Resvalam sonhos lindos...
Mas o Oiro não perdura
E a noite cresce agora a desabar catedrais...
Fico sepulto sob círios,
Escureço-me em delírios
Mas ressurjo de Ideais...

— Os meus sentidos a escoarem-se...
Altares e velas...

---

76 Este poema inspira-se no mesmo clima de semiconsciência de "Inter-sonho". Há neles flagrantes coincidências: em ambos há uma melodia — longínqua, num; incerta, no outro — que favorece o delírio (a palavra aparece nos dois); o emprego do verbo "resvalar"; a presença da cor e do som; as repetições exclamativas ("Manhã de armas! Manhã de armas! / Romaria! Romaria!", em "Inter-sonho"; "Vitrais! Vitrais!", em "Nossa Senhora de Paris").
77 Nova e ousada sinestesia sonoro-táctil-visual.
78 O poeta dá ao verbo dois complementos pronominais: um é o objeto direto reflexivo e o outro, o objeto indireto. É regência que só nele encontramos. O sentido parece-nos evidente: anseiam (ou anseiam-se) por mim e eu fujo...
79 Este é o primeiro poema em que Sá-Carneiro emprega metros vários e irregularmente dispostos; é a sua primeira tentativa de versilibrismo.

Orgulho... Estrelas...
Vitrais! Vitrais!

Flores de Lis...

Manchas de cor a ogivarem-se...
As grandes naves a sagrarem-se...
— Nossa Senhora de Paris!...

7

Eu não sou eu nem sou o outro,
Sou qualquer coisa de intermédio:[80]
Pilar da ponte de tédio
Que vai de mim para o Outro.

16

Esta inconstância de mim próprio em vibração
É que me há de transpor às zonas intermédias,[81]
E seguirei entre cristais de inquietação,
A retinir, a ondular... Soltas as rédeas,
Meus sonhos, leões de fogo e pasmo domados a tirar
A torre de oiro que era o carro da minha Alma,
Transviarão pelo deserto, moribundos de Luar —
E eu só me lembrarei num baloiçar de palma...

---

80 Neste brevíssimo poema, o poeta condensou a sua angústia de ser nem um nem outro, mas algo que fica entre os dois.
81 Como no poema anterior, sente-se o horror das zonas intermédias, aqui simbolizadas pelo deserto onde os leões de fogo — seus sonhos — se transviarão e a sua carne, comida entre estrumes, será vomitada pelas rãs. O realismo brutal destas expressões mais se evidencia por aplicar-se a fatos e seres simbólicos.

Nos oásis depois hão de se abismar gumes,
A atmosfera há de ser outra, noutros planos;
As rãs hão de coaxar-me[82] em roucos tons humanos
Vomitando a minha carne que comeram entre estrumes...

Há sempre um grande Arco ao fundo dos meus olhos...
A cada passo a minha alma é outra cruz,
E o meu coração gira: é uma toda de cores...[83]
Não sei aonde vou, nem vejo o que persigo...
Já não é o meu rastro o rastro de oiro que ainda sigo...
Resvalo em pontes de gelatina e de bolores...
— Hoje a luz para mim é sempre meia-luz...[84]

....
....

As mesas do Café endoideceram feitas ar...
Caiu-me agora um braço... Olha lá vai ele a valsar,
Vestido de casaca, nos salões do Vice-Rei...[85]
(Subo por mim acima como por uma escada de corda,
E a minha ânsia é um trapézio escangalhado...[86])

---

82 O verbo intransitivo empregado como transitivo e modificado pelo adjunto adverbial de modo tem a sua significação acrescida: exprime a voz rouca das rãs mais a zombaria que ela contém e que a aparenta à voz humana.
83 Cf. "Estalavam de cor os grifos dos ornatos" ("O resgate") e "a minha Alma só que me explodiu de cor..." ("O bárbaro", que não figura nesta Antologia).
84 A idéia desconfortável de ponte — uma das formas de intermédio — intensifica-se pela sua insegurança (feita de gelatina), pela falta de calor e luz (de bolores) e pelo resvalar do poeta.
85 Estes versos foram dos que maior escândalo causaram quando da sua publicação.
86 De nada lhe valerá o esforço da ascensão, pois o trapézio está escangalhado. Sempre a inutilidade de qualquer reação perante a vida.

Distante melodia

Num sonho de Íris morto a oiro e brasa,[87]
Vêm-me lembranças doutro Tempo azul
Quem me oscilava entre véus de tule —
Um tempo esguio e leve, um tempo-Asa.

Então os meus sentidos eram cores,
Nasciam num jardim as minhas ânsias,
Havia na minha alma Outras distâncias —
Distâncias que o segui-las era flores...[88]

Caía Oiro se pensava Estrelas,
O luar batia sobre o meu alhear-me...
— Noites-lagoas, como éreis belas
Sob terraços-lis de recordar-me!...

Idade acorde de Inter-Sonho e Lua,
Onde as horas corriam sempre jade[89]
Onde a neblina era uma saudade,
E a luz — anseios de Princesa nua...

Balaústres de som, arcos de Amar,
Pontes de brilho, ogivas de perfume...[90]
Domínio inexprimível de Ópio e lume
Que nunca mais, em cor, hei de habitar...[91]

---

87 Recorda-se o poeta de um tempo em que seus "sentidos eram cores" através de um "sonho de Íris morto", isto é, de um sonho descolorido, ou, pelo menos, de cores esbatidas, pois ainda há o oiro e a brasa.
88 Note-se a substantivação do infinitivo, neste verso e nos v. 10, 12, 17 e 26.
89 O substantivo "jade" está empregado como um adjetivo em função adverbial. Como o poeta está a recordar-se de outro "Tempo azul", em que seus sentidos eram cores, ocorre-lhe naturalmente este vocábulo — aliás, bastante encontradiço em sua obra — pela sugestão de cor que contém.
90 Note-se a concretização das abstrações.
91 Ausente a cor, sente-se frustrado o poeta.

Tapetes de outras Pérsias mais Oriente...
Cortinados de Chinas mais marfim...[92]
Áureos Templos de ritos de cetim...
Fontes correndo sombra, mansamente...

Zimbórios-panteões de nostalgias
Catedrais de ser-Eu por sobre o mar...
Escadas de honra, escadas só, ao ar...[93]
Novas Bizâncios-Alma, outras Turquias...

Lembranças fluidas... Cinza de brocado...
Irrealidade anil que em mim ondeia...
— Ao meu redor eu sou Rei exilado,
Vagabundo dum sonho de sereia...

Taciturno

Há Oiro marchetado em mim, a pedras raras,[94]
Oiro sinistro em sons de bronzes medievais —
Jóia profunda a minha alma a luzes caras,[95]
Cibório triangular de ritos infernais.

---

92 Mais Oriente, mais marfim — substantivos adjetivados.
93 Cf. a nota 126, do poema "Sete canções de declínio", 1, v. 5.
94 Oiro e pedras raras — símbolos da sua grandeza, assim como, nos v. seguintes, jóia profunda, luzes caras, cibório. Mas a grandeza — inegável — lhe é fatal e por isso ele será o Taciturno: o oiro brilha, mas é sinistro, o cibório não contém vida, mas morte da alma.
95 Este verso admite duas leituras:
Jói / a / pro / fun / da / a / mi / nha al / ma a / lu / zes / ca / ras
1   2   3   4   5   6   7   8   9   10   11   12
ou
Jói / a / pro / fun / da a / mi / nha / al / ma a / lu / zes / ca / ras.
1   2   3   4   5   6   7   8   9   10   11   12
Preferimos a segunda, pois o hiato é mais natural quando uma das vogais é tônica.

No meu mundo interior cerraram-se armaduras,⁹⁶
Capacetes de ferro esmagaram Princesas.
Toda uma estirpe real de heróis de outras bravuras
Em mim se despojou dos seus brasões e presas.

Heráldicas-luar sobre ímpetos de rubro,
Humilhações a lis, desforços de brocado;
Basílicas de tédio, arneses de crispado,
Insígnias de Ilusão, troféus de jaspe e Outubro...⁹⁷

A ponte levadiça e baça de Eu-ter-sido
Enferrujou — embalde a tentarão descer...
Sobre fossos de Vago, ameias de inda-querer —⁹⁸
Manhãs de armas ainda em arraiais de olvido...

Percorro-me em salões sem janelas nem portas,⁹⁹
Longas salas de trono a espessas densidades,
Onde os panos de Arrás são esgarçadas¹⁰⁰ saudades,
E os divãs, em redor, ânsias lassas, absortas...

Há roxos fins de Império em meu renunciar —¹⁰¹
Caprichos de cetim do meu desdém Astral...
Há exéquias de heróis na minha dor feudal —¹⁰²
E os meus remorsos são terraços sobre o mar...

---

96 O adjetivo "medievais" (v. 2) suscita no poeta visões dessa época — armaduras a cerrar-se, capacetes que esmagam princesas, heróis despojados de brasões e presas, a ponte-levadiça que se não pode baixar, etc. — e ele as faz imagens da sua frustração.
97 Cf. a nota 145, do poema "Sete canções de declínio", 6, v. 7.
98 Deve ler-se "qu'rer" com uma só sílaba.
99 Cf. "Escala", v. 13.
100 Novamente a sinalefa do ditongo com a vogal seguinte: são es / gar / ça / das.
101 Notem-se os infinitivos substantivos nos v. 13, 15 e 21.
102 Leia-se com hiato: há / e / xé / quias.

O resgate

A última ilusão foi partir os espelhos —[103]
E nas salas ducais, os frios de esculturas
Desfizeram-se em pó... Todas as bordaduras
Caíram de repente aos reposteiros velhos.

Atônito, parei na grande escadaria
Olhando as destroçadas, imperiais riquezas...
Dos lustres de cristal — as velas de oiro, acesas,
Quebravam-se também sobre a tapeçaria...

Rasgavam-se cetins, abatiam-se escudos;
Estalavam de cor os grifos dos ornatos.[104]
Pelas molduras de honra, os lendários retratos
Sumiam-se de medo, a roçagar veludos...

Doido! Trazer ali os meus desdéns crispados!...
Tetos e frescos, pouco a pouco enegreciam;
Panos de Arrás do que não-Fui emurcheciam —
Velavam-se brasões, subitamente errados...

---

103 Em carta a F. Pessoa, datada de Paris, de 7/8/1915, Sá-Carneiro, em período de grande abatimento moral pela ameaça de ter de voltar a Lisboa ("tudo menos Lisboa"), escrevia: "Acima de tudo me arrepia a idéia sem espelhos de, sem remédio, novamente fundear no Martinho... Não sei por que esse café — não os outros cafés de Lisboa, esse só — deu-me sempre a idéia dum local onde se vem findar uma vida: estranho refúgio, talvez, dos que perderam todas as ilusões[...]" Os espelhos simbolizam para o poeta a vida por eles refletida e multiplicada; partidos ou inexistentes, são, na vida, a mesa do Martinho e, na poesia, o destroçar das coisas preciosas...

104 Estalavam de cor: mais uma vez, a presença insistente da cor.

Então, eu mesmo fui trancar todas as portas;
Fechei-me a Bronze eterno em meus salões ruídos...
— Se arranho o meu despeito entre vidros partidos,
Estilizei em Mim as doiraduras mortas.[105]

Ângulo

Aonde irei neste sem-fim perdido,
Neste mar oco de certezas mortas? —
Fingidas, afinal, todas as portas
Que no dique julguei ter construído...

— Barcaças dos meus ímpetos tigrados,[106]
Que oceano vos dormiram de Segredo![107]
Partiste-vos, transportes encantados,[108]
De embate, em alma ao roxo, a que rochedo!

Ó nau de festa, ó ruiva de aventura
Onde, em Champanhe, a minha ânsia ia,
Quebraste-vos também ou, porventura,
Fundeaste a Oiro em portos de alquimia?...

Chegaram à baía os galeões
Com as sete Princesas que morreram.

---

[105] Fechado em si, despeitado com a vida, a estilização deste mesmo despeito é a sua poesia.
[106] Em "Taciturno", v. 9, encontramos "ímpetos de rubro", onde a cor quente e vibrante (talvez por sugerir o sangue) acentua o vigor do ímpeto. Aqui, o adjetivo "tigrado" vale mais pela sugestão de força, de ferocidade, que vem do substantivo de que se deriva, do que pela cor mosqueada que, ela também, é expressiva, refletindo a instabilidade dos ímpetos do poeta.
[107] "Vos dormiram" = vos fizeram dormir (?).
[108] Partiste-vos, quebraste-vos, fundeaste — em lugar de partistes-vos, quebrastes-vos, fundeastes: licença poética.

Regatas de luar não se correram...
As bandeiras velaram-se, orações...

Detive-me na ponte, debruçado,
Mas a ponte era falsa — e derradeira.[109]
Segui no cais. O cais era abaulado,
Cais fingido sem mar à sua beira...

— Por sobre o que Eu não sou há grandes pontes
Que um outro, só metade, quer passar
Em miragens de falsos horizontes —
Um outro que eu não posso acorrentar...[110]

Anto[111]

Caprichos de lilás, febres esguias,
Enlevos de Ópio — Íris-abandono...
Saudades de luar, timbre de Outono,
Cristal de essências langues, fugidias...

O pajem débil das ternuras de cetim,
O friorento das carícias magoadas;

---

109 Aqui vemos unidas duas preocupações do poeta: "a ponte era falsa". Por ser ponte, já o deixaria a meio caminho, quase... sendo falsa — e derradeira, logo sem deixar esperanças de mudança — tem de a abandonar por um cais que, ele também, é fingido.

110 Volta o problema do outro (como no poema 7) que não é ele, mas apenas a sua metade, que ele não pode acorrentar, para evitar a sua dispersão.

111 Oito versos e nenhum verbo ou conjunção a encadeá-los; substantivos abstratos de sentido brando, adjetivados por vocábulos ou frases que mais os embrandecem: epítetos nobiliárquicos de coisas impossíveis — suavidade, ternura, requinte: um verdadeiro retrato poético de António Nobre, de quem Sá-Carneiro, nos últimos versos, bastante se aproximou.

O príncipe das Ilhas transtornadas —
Senhor feudal das Torres de marfim...

Escala

Oh! regressar a mim profundamente[112]
E ser o que já fui no meu delírio...
— Vá, que se abra de novo o grande lírio,
Tombem miosótis em cristal e Oriente!

Cinja-me de novo a grande esperança,
E de novo me timbre a grande Lua!
Eia! que empunha como outrora a lança
E a espada de Astros — ilusória e nua!

Rompa a fanfarra atrás do funeral!
Que se abra o poço de marfim e jade!
— Vamos! é tempo de partir a Grade!
Corra o palácio inteiro o vendaval!

Nem portas nem janelas, como dantes:[113]
A chuva, o vento, o sol — e eu, a Estátua![114]

---

112 Na carta a Fernando Pessoa, de 7 / 8 / 1915, já citada na nota 103, lamentava-se Sá-Carneiro: "Sou inferior — é a triste verdade — de muito longe inferior ao que já fui [...] E não prevejo o meu regresso a mim — isso, que digo nos meus versos da 'Escala' — incitação que não será seguida, parece-me. Já vê que não vamos nada bem."
113 Em "Taciturno", v. 17, encontramos: "Percorro-me em salões sem janelas nem portas"; aqui, "Nem portas nem janelas, como dantes". Parece-nos, porém, que estes dois versos, aparentemente tão semelhantes, exprimem coisas diversas: no primeiro, a ausência de portas e janelas indica a ausência de aberturas nas salas "a espessas densidades", enquanto que no segundo o que há são as aberturas, sem portas ou janelas que as fechem, para que possa o vendaval correr o palácio inteiro.
114 Cf. "Estátua Falsa". Se aqui a estátua não é confessadamente falsa, nimba-a uma auréola fátua.

Que me nimbe de novo a auréola fátua —
Tirano medieval de Oiros distantes.

E o príncipe sonâmbulo do Sul,
O Doge de Venezas escondidas,
O chaveiro das Torres poluídas,
O mítico Rajá de Índias de tule —

Me erga imperial, em pasmo e arrogância,
Toldado de luar — cintil de arfejos:[115]
Imaginário de carmim e beijos,
Pierrot de fogo a cabriolar Distância.[116]

Num entardecer a esfinges de Oiro e mágoa[117]
Que se prolongue o Cais de me cismar —
Que ressurja o terraço à beira-mar
De me iludir em Rei de Pérsias de água.

É tempo ainda de realçar-me a espelhos,[118]
Travar mistérios, influir Destaque.
Vamos! por terra os reposteiros velhos —
Novos brocados para o novo ataque![119]

Torne-se a abrir o Harém em festival,
(Harém de gaze, e as odaliscas seda)...
Que se embandeire em mim o Arraial,
Haja bailes de Mim pela alameda!...

---

115 "Cintil de arfejos": vocábulos que não se encontram nos dicionários (encontramos "cintilos" no poeta simbolista brasileiro Ernâni Rosas); o sentido deve ser: cintilante de palpitações.
116 Mais um verbo intransitivo ao qual o poeta dá um objeto direto.
117 Na idéia de entardecer funde o poeta a impressão visual — de oiro — e a emotiva — de mágoa.
118 Cf. a nota 103, do poema "O resgate".
119 Note-se como se assemelham as imagens deste poema às do poema "O resgate".

Rufem tambores, colem-se os cartazes —
Gire a tômbola, o carrossel comece![120]
Vou de novo lançar-me na quermesse:
— Saltimbanco, que a feira toda arrases![121]

Eh-lá! mistura os sons com os perfumes,
Disparata de cor, guincha de luz!
Amontoa no palco os corpos nus,
Tudo alvoroça em malabares de lumes![122]

Recama-te de Anil e destempero,
Tem coragem — em mira o grande salto!
Ascende! Tomba! Que te importa! Falto
Eu, acaso?... Ânimo! Lá te espero.

Que nada mais te importe. Ah! segue em frente
Ó meu Rei-lua o teu destino dúbio:[123]
E sê o timbre, sê o oiro, o eflúvio,
O arco, a zona — o Sinal do Oriente!

---

120 Tômbola e carrossel — associa o poeta o seu giro (aqui e em outros passos) ao giro da vida, movida pela Sorte.
121 Neste poema em que o poeta, desdobrado, incita-se a tentar o grande salto, há o mesmo desejo de elançar-se que encontramos em "Partida".
122 Deve ler-se "malabar's", com três sílabas.
123 Vocábulo dos preferidos de Sá-Carneiro é "lua", que já encontramos atrás e tornaremos muitas vezes a encontrar. Aplicado a ele, a outrem ou à vida, nunca o é em sentido próprio. Como António Nobre (este, nem sempre, pois em sua obra muitas vezes se encontra a lua-astro da noite, a branquear caminhos), ele atribui à lua cargas emotivas complexas: ela simboliza a altura, o inatingível, o sonho, a loucura de ser poeta. Para Nobre, a Purinha, o seu ideal impossível de mulher, será "esta Torre, esta Lua, esta Quimera"; para Sá-Carneiro, Paris, a cidade sem par, é sua Lua e sua Cobra. Lua e Cobra chama-se Nobre em seu soneto "Memória": "'Só' é o poeta-nato, o lua, o santo, a cobra!" O ser lua, isto é, o estar muito alto, faz de Paris a desgraça de Sá-Carneiro, a sua cobra, assim como faz de Anto a sua própria desgraça.

Sete canções de declínio[124]

I

Um vago tom de opala debelou
Prolixos funerais de luto de Astro —
E pelo espaço, a Oiro se enfolou[125]
O estandarte real — livre, sem mastro.

Fantástica bandeira sem suporte[126]
Incerta, nevoenta, recamada —
A desdobrar-se como a minha Sorte
Predita por ciganos numa estrada...

2[127]

Atapetemos a vida
Contra nós e contra o mundo.
— Desçamos panos de fundo
A cada hora vivida!

Desfiles, danças — embora
Mal sejam uma ilusão...
Cenários de mutação
Pela minha vida fora!

---

124 Na carta a Pessoa, de 7/8/1915, refere-se a estas canções que com ela remetia ao amigo: "Junto lhe mando uma extensa versalhada. Não sei bem o que aquilo é. Inferior, não há dúvida [...] Esses versos indicam queda, miséria — não há dúvida — sejam encarados por que lado for: moral ou literário. Assim acho muito bem o título genérico de 'Sete canções de declínio'."
125 Enfolou: inflou.
126 Esta bandeira erguida sem suporte no ar faz pensar nas "escadas de honra, escadas só, ao ar..." (cf. "Distante melodia", v. 27).
127 Nas últimas cartas a F. Pessoa, Sá-Carneiro cita os primeiros versos desta canção.

Quero ser Eu plenamente:
Eu, o possesso do Pasmo.
— Todo o meu entusiasmo,
Ah! que seja o meu Oriente![128]

O grande doido, o varrido,
O perdulário do Instante —
O amante sem amante,
Ora amado ora traído...

Lançar os barcos ao Mar —
De névoa, em rumo de incerto...
— P'ra mim o longe é mais perto
Do que o presente lugar.[129]

... E as minhas unhas polidas —[130]
Idéia de olhos pintados...
Meus sentidos maquilados
A tintas desconhecidas...

Mistério duma incerteza
Que nunca se há de fixar...
Sonhador em frente ao mar
Duma olvidada riqueza...

— Num programa de teatro
Suceda-se a minha vida —
Escada de Oiro descida
Aos pinotes, quatro a quatro!...

---

128 "... seja o meu Oriente!": seja, não só o meu ponto de partida, mas o meu impulso inicial. Oriente é palavra cara ao poeta.
129 Porque ele vive, pelo seu sonho, sempre longe de onde está.
130 Cf. a nota 45, do poema "Dispersão", v. 69-72.

3

Embora num funeral
Desfraldemos as bandeiras:
Só as Cores são verdadeiras —[131]
Siga sempre o festival!

Quermesse — eia! — e ruído!
Louça quebrada! Tropel!
(Defronte do carrossel,
Eu, em ternura esquecido...)[132]

Fitas de cor, vozearia —
Os automóveis repletos:
Seus chauffeurs — os meus afetos
Com librés de fantasia!

Ser bom... Gostaria tanto
De o ser... Mas como? Afinal
Só se me fizesse mal
Eu fruiria esse encanto.

— Afetos?... Divagações...
Amigo dos meus amigos...
Amizades são castigos,
Não me embaraço em prisões!

Fiz deles os meus criados,
Com muita pena — decerto.
Mas quero o Salão aberto,
E os meus braços repousados.

---

[131] Cf. a nota 91, do poema "Distante melodia", v. 20.
[132] Esquecido, diante da vida que passa...

4[133]
As grandes Horas! — vivê-las
Ao preço mesmo dum crime!
Só a beleza redime —
Sacrifícios são novelas.[134]

"Ganhar o pão do seu dia
Com o suor do seu rosto..."
— Mas não há maior desgosto
Nem há maior vilania!

E quem for Grande não venha
Dizer-me que passa fome:
Nada há que se não dome
Quando a Estrela for tamanha!

Nem receios nem temores,
Mesmo que sofra por nós
Quem nos faz bem. Esses dós
Impeçam os inferiores.[135]

Os Grandes, partam — dominem
Sua sorte em suas mãos:
— Toldados, inúteis, vãos,
Que o seu Destino imaginem!

---

133 Nesta Canção 4, o poeta confessa-se plenamente cônscio da missão do artista: aqueles que são grandes têm o dever de dominar a própria sorte, embora deixando um rastro de luto no seu caminho de Astro.
134 Cf. a Canção 3, v. 13-16.
135 Cf. a Canção 3, v. 17-20.

Nada nos pode deter;
O nosso caminho é de Astro!
Luto — embora! — o nosso rastro,
Se p'ra nós Oiro há de ser!...

5[136]

Vaga lenda facetada
A imprevisto e miragens —
Um grande livro de imagens,
Uma toalha bordada...

Um baile russo a mil cores,
Um Domingo de Paris —
Cofre de Imperatriz[137]
Roubado por malfeitores.

Antiga quinta deserta
Em que os donos faleceram —
Porta de cristal aberta
Sobre sonhos que esqueceram...

Um lago à luz do luar.
Com um barquinho de corda...
Saudade que não recorda —
Bola de tênis no ar...

Um leque que se rasgou —
Anel perdido no parque —
Lenço que acenou no embarque
De Àquela que não voltou...

---

136 Ainda na mesma carta, o poeta exprimia a sua preferência por esta canção: "Acho mais graça à 5ª canção. Efetivamente, sinteticamente, o que anseio pôr na minha vida é tudo aquilo."
137 Deve ler-se este verso: Co / fre / de / im / pe / ra / triz.

Praia de banhos do sul
Com meninos a brincar
Descalços, à beira-mar,
Em tardes de céu azul...

Viagem circulatória
Num expresso de vagões-leitos —
Balão aceso — defeitos
De instalação provisória...

Palace cosmopolita
De *rastaquouères* e *cocottes* —
Audaciosos decotes
Duma francesa bonita...

Confusão de *music-hall*,
Aplausos e *brouhaha* —[138]
Interminável sofá
Dum estofo profundo e mole...

Pinturas a *ripolin*,
Anúncios pelos telhados —
O barulho dos teclados
Das *Lynotype* do "*Matin*"...[139]

---

[138] "Brouhaha": nas edições consultadas está "brou-u-há", que substituímos pela forma francesa "brouhaha", significando ruído confuso, que, evidentemente, o poeta, sempre marcado pelos galicismos, utilizou; cf. adiante, nota 152.

[139] A este octossílabo, único destoante dos redondilhos da canção, refere-se Sá-Carneiro: "tanto me embevece, quando passo em frente do Matin, o discreto martelar das Linotypes, que até deixei ficar o verso forçado, como verá."

Manchette de sensação
Transmitida a todo o mundo —
Famoso artigo de fundo
Que acende uma revolução...[140]

Um sobrescrito lacrado
Que transviou no correio,[141]
E nos chega sujo — cheio
De carimbos, lado a lado...

Nobre ponte citadina
De intranqüila capital —
A umidade outonal[142]
De uma manhã de neblina...

Uma bebida gelada —
Presentes todos os dias...
Champanhe em taças esguias
Ou água ao sol entornada...

Uma gaveta secreta
Com segredos de adultérios...
Porta falsa de mistérios —
Toda uma estante repleta:

Seja enfim a minha vida
Tarada de ócios e Lua:[143]
Vida de Café e rua,
Dolorosa, suspendida —

---

140 Deve ler-se "rev'lução", com três sílabas.
141 Não conhecemos outro exemplo do verbo "transviar" intransitivo.
142 Leia-se: A / u / mi / da / de ou / to / nal.
143 Cf. a nota 123, do poema "Escala", v. 50.

Ah! mas de enlevo tão grande
Que outra nem sonho ou prevejo...
— A eterna mágoa dum beijo,
Essa mesma, ela me expande...

6[144]
Um frenesi hialino arrepiou
P'ra sempre a minha carne e a minha vida.
Fui um barco de vela que parou
Em súbita baía adormecida...

Baía embandeirada de miragem,
Dormente de ópio, de cristal e anil,
Na idéia de um país de gaze e Abril,[145]
Em duvidosa e tremulante imagem...

Parou ali a barca — e, ou fosse encanto,
Ou preguiça, ou delírio, ou esquecimento,[146]
Não mais aparelhou... — ou fosse o vento
Propício que faltasse: ágil e santo...

---

144 Nesta 6ª canção retoma o poeta o metro da primeira, como a retomar o ritmo pausado que acompanha um devaneio com certa seqüência, com imagens logicamente encadeadas, em oposição às canções 2ª, 3ª e 5ª, onde o metro sugere o borboletear do espírito em delírio, ora aqui, ora ali, numa sucessiva mutação de imagens, e à canção 4ª, em que este mesmo metro, seguidamente sincopado pelos *enjambements*, reproduz o esforço da marcha ideal para a frente.

145 Aproximando os substantivos "gaze" e "Abril", o Poeta sugere-nos a frescura e a leveza de primavera que atribui ao país do sonho. Cf. em "Taciturno", v. 12, "troféus de jaspe e Outubro", em que a preciosidade do jaspe não lhe tira o ser maciço, denso como os frutos do outono, pesado como os troféus do Taciturno.

146 Ainda aqui devemos ler com sinalefas: "Ou / pre / gui / ça, ou / de / lí / rio, ou es / que / ci / men / to."

...Frente ao porto esboçara-se a cidade,
Descendo enlanguescida e preciosa:
As cúpulas de sombra cor-de-rosa,
As torres de platina e de saudade.

Avenidas de seda deslizando,
Praças de honra libertas sobre o mar —
Jardins onde as flores fossem luar;[147]
Lagos — carícias de âmbar flutuando...

Os palácios de renda e escumalha,[148]
De filigrana e cinza as catedrais —
Sobre a cidade a luz — esquiva poalha
Tingindo-se através longos vitrais...[149]

Vitrais de sonho a debruá-la em volta,
A isolá-la em lenda marchetada:[150]
Uma Veneza de capricho — solta,
Instável, dúbia, pressentida, alada...

---

147   Podemos ler este verso de duas maneiras:
   Jar / dins / on / de / as / flo / res / fos / sem / luar;
   1   2   3   4   5   6   7   8   9   10
   ou
   Jar / dins / on / de as / flo / res / fos / sem / lu / ar;
   1   2   3   4   5   6   7   8   9   10
   Embora a primeira leitura tenha a vantagem de conservar o acento medial na 6ª sílaba, a segunda nos parece a melhor, por julgarmos forçado o hiato "onde / as", por preferirmos ler com duas sílabas "luar" em posição final e porque a quebra da obediência ao acento medial é freqüente em Sá-Carneiro, que, no caso, com ela e com a aliteração — flores fossem — obteve um singular efeito rítmico que exprime a imaterialidade dessas flores feitas de luar.
148   Os dicionários não registram este vocábulo com a significação que lhe atribui Sá-Carneiro: a de espuma, cuja leveza e porosidade descreveriam, com a renda e a filigrana, a arquitetura dos palácios de Veneza.
149   "Através longos vitrais": galicismo de regência, muito usado pelo poeta.
150   Leia-se: A / i / so / lá / -la em / len / da / mar / che / ta / da.

Exílio branco — a sua atmosfera,[151]
Murmúrio de aplausos — seu *brouhaha*...[152]
E na Praça mais larga, em frágil cera,
Eu — a estátua "que nunca tombará"...[153]

7[154]
Meu alvoroço de oiro e lua
Tinha por fim que transbordar...
— Caiu-me a Alma ao meio da rua,[155]
E não a posso ir apanhar!

Abrigo

Paris da minha ternura
Onde estava a minha Obra —
Minha Lua e minha Cobra,[156]
Timbre da minha aventura.

---

151   Leia-se: E / xí / lio / bran / co a / su / a / at / mos /fe / ra.
152   Parece-nos que este verso deverá ler-se: Mur / mú / rio / de a / plau / sos / seu / "brou / ha / ha", embora com o deslocamento do acento medial para a 5ª sílaba, pois o vocábulo onomatopéico "brouhaha", por sê-lo, deve conservar suas três sílabas (cf. "Sete canções de declínio", 5, v. 34: "A / plau / sos / e 'brou / ha / ha'").
153   Mais uma vez, ele = a estátua.
154   Esta brevíssima canção é a única em octossílabos.
155   Para conservar a acentuação medial dos outros três versos, leríamos:
Ca / iu / -me a / Al / ma ao / meio / da / ru / a,
1   2   3   4   5   6   7   8
o que nos parece forçado. Preferimos:
Ca / iu / -me a Al / ma ao / mei / o / da / ru / a,
1   2   3   4   5   6   7   8
onde a deslocação do acento para a 3ª sílaba reforça a idéia de queda.
156   Cf. a nota 123.

Ó meu Paris, meu menino,
Meu inefável brinquedo...
— Paris do lindo segredo
Ausente no meu destino.

Regaço de namorada,
Meu enleio apetecido —
Meu vinho de Oiro bebido
Por taça logo quebrada...

Minha febre e minha calma —
Ponte sobre o meu revés:
Consolo da viuvez
Sempre noiva da minha Alma...

Ó fita benta de cor,
Compressa das minhas feridas...[157]
— Ó minhas unhas polidas,
— Meu cristal de toucador...[158]

Meu eterno dia de anos,
Minha festa de veludo...
Paris: derradeiro escudo,
Silêncio dos meus enganos.

Milagroso carrossel
Em feira de fantasia —
Meu órgão da Barbaria,
Meu teatro de papel...

---

157 Leia-se: Com / pres / sa / das / mi / nhas / f'ri / das.
158 Cf. a nota 45, do poema "Dispersão", v. 69-72.

Minha cidade-figura,
Minha cidade com rosto...
— Ai, meu acerado gosto,
Minha fruta mal madura...

Mancenilha e bem-me-quer,[159]
Paris — meu lobo e amigo...
Quisera dormir contigo,
Ser todo a tua mulher!...[160]

Serradura

A minha vida sentou-se
E não há quem a levante,
Que desde o Poente ao Levante
A minha vida fartou-se.

E ei-la, a mona,[161] lá está
Estendida, a perna traçada,[162]
No infindável sofá[163]
Da minha Alma estofada.

Pois é assim: a minha Alma
Outrora a sonhar de Rússias,

---

159 "Mancenilha" — árvore de cujo fruto e tronco se extrai um suco venenoso. Está em oposição a "bem-me-quer", como, no verso seguinte, "meu lobo e amigo", a sintetizar os extremos do que, para o poeta, significa Paris.
160 O poema é todo constituído de vocativos: só nos dois últimos versos completa-se a oração (apenas no v. 2 apareceu um verbo em modo finito, mas numa oração adjetiva). Note-se mais uma vez a atitude de passividade do poeta, que já atrás acentuamos.
161 "A mona": a tola.
162 Deve ler-se: 'Sten / di / da a / per / na / tra / ça / da.
163 Leia-se com hiato: No / in / fin / dá / vel / so / fá.

Espapaçou-se de calma,
E hoje sonha só pelúcias.

Vai aos Cafés, pede um *bock*,
Lê o "*Matín*" de castigo,
E não há nenhum remoque
Que a regresse ao Oiro antigo:

Dentro de mim é um fardo
Que não pesa, mas que maça:
O zumbido dum moscardo,
Ou comichão que não passa.

Folhetim da "Capital"
Pelo nosso Júlio Dantas —[164]
Ou qualquer coisa entre tantas
Duma antipatia igual...

O raio já bebe vinho,[165]
Coisa que nunca fazia,
E fuma o seu cigarrinho
Em plena burocracia!...

Qualquer dia, pela certa,
Quando eu mal me precate,[166]
É capaz dum disparate,
Se encontra uma porta aberta...

---

[164] Contra Júlio Dantas, já consagrado pela corrente conservadora, voltavam-se os novos. José de Almada Negreiros escreveu um "Manifesto Anti-Dantas", em versos, cujas estrofes terminavam por um estribilho: "Morra o Dantas. Morra! Pim!"

[165] "O raio": expressão familiar que não repugna aos modernos (cf. Álvaro de Campos, Afonso Duarte etc.) e que dá ao verso um tom de naturalidade correntia.

[166] Leia-se: Quan / do / eu / mal / me / pre / ca / te,

Isto assim não pode ser...
Mas como achar um remédio?
— P'ra acabar este intermédio
Lembrei-me de endoidecer:

O que era fácil — partindo
Os móveis do meu hotel,
Ou para a rua saindo
De barrete de papel

A gritar "Viva a Alemanha"...[167]
Mas a Minha Alma, em verdade,
Não merece tal façanha,
Tal prova de lealdade...

Vou deixá-la — decidido —
No lavabo dum Café,
Como um anel esquecido.
É um fim mais *raffiné*.

O *lord*

Lord que eu fui de Escócias doutra vida
Hoje arrasta por esta a sua decadência,
Sem brilho e equipagens.
Milord reduzido a viver de imagens,
Pára às montras de jóias de opulência
Num desejo brumoso — em dúvida iludida...
(— Por isso a minha raiva mal contida,
— Por isso a minha eterna impaciência.)
Olha as Praças, rodeia-as...

---

[167] Gritar "Viva a Alemanha" em Paris, em 1915, durante a primeira Grande Guerra Mundial, seria de fato rematada loucura.

Quem sabe se ele outrora
Teve Praças, como esta, e palácios e colunas —
Longas terras, quintas cheias,
Iates pelo mar fora,
Montanhas e lagos, florestas e dunas...
(— Por isso a sensação em mim fincada há tanto
Dum grande patrimônio algures haver perdido;[168]
Por isso o meu desejo astral de luxo desmedido —
E a Cor na minha Obra o que ficou do encanto...)[169]

Torniquete

A tômbola anda depressa,
Nem sei quando irá parar —
Aonde, pouco me importa;
O importante é que pare...
— A minha vida não cessa
De ser sempre a mesma porta
Eternamente a abanar...[170]

Abriu-se agora o salão
Onde há gente a conversar.
Entrei sem hesitação —
Somente o que se vai dar?
A meio da reunião,
Pela certa disparato,[171]
Volvo a mim a todo o pano;

---

168 Leia-se "algur's", em duas sílabas.
169 Este poema dir-se-ia uma tentativa de explicação do poeta. O que ele foi ("Lord [...] de Escócias doutra vida") será talvez (quem sabe? — v. 10) a causa do que hoje é (por isso — v. 7-8, 15-18).
170 A tômbola não pára, a sua vida tampouco. Cf. a nota 120 do poema "Escala", v. 38.
171 Sempre a sensação de incapacidade na vida.

Às cambalhotas desato,
E salto sobre o piano...
— Vai ser bonita a função!
Esfrangalho as partituras.
Quebro toda a caqueirada,
Arrebento à gargalhada,
E fujo pelo saguão...

Meses depois, as gazetas
Darão críticas completas,
Indecentes e patetas,
Da minha última obra...
E eu — p'ra cama outra vez,
Curtindo febre e revés,
Tocado de Estrela e Cobra...[172]

Pied-de-nez[173]

Lá anda a minha Dor às cambalhotas
No salão de vermelho atapetado —
Meu cetim e ternura engordurado,
Rendas da minha ânsia todas rotas...[174]

---

172 Cf. a nota 123, em "Escala", v. 50. Parece-nos que, neste verso, podemos entender Estrela = lua.
173 *Pied-de-nez*: gesto de zombaria que se faz apoiando na ponta do nariz o polegar da mão aberta e com dedos separados. Podemos traduzir por "fiau!", interjeição que, no Brasil, exprime vaia.
174 A partir do fim de 1915, a crise moral de Sá-Carneiro mais e mais se agrava, refletindo-se no tom amargo em que acentua o lado ridículo do seu fracasso. No poema anterior, já disparatava, quebrando tudo, fugindo à gargalhada: neste, além do título escarnecedor, é o cetim de ternura engordurado, as rendas rotas, o esverdinhado espelho de sua Alma.

O Erro sempre a rir-me em destrambelho —
Falso mistério, mas que não se abrange...
De antigo armário que agoirento range,
Minha alma atual o esverdinhado espelho...

Chora em mim um palhaço às piruetas;
O meu castelo em Espanha, ei-lo vendido —
E, entretanto, foram de violetas,

Deram-me beijos sem os ter pedido...
Mas como sempre, ao fim — bandeiras pretas,
Tômbolas falsas, carrossel partido...

Ápice[175]

O raio do sol da tarde
Que uma janela perdida
Refletiu
Num instante indiferente —
Arde,
Numa lembrança esvaída,
À minha memória de hoje
Subitamente...

Seu efêmero arrepio
Ziquezagueia, ondula, foge,
Pela minha retentiva...

---

175   Neste poema, de grande beleza e simplicidade, Sá-Carneiro tenta fixar um momento fugitivo, um breve raio de sol (e o metro irregular reflete a inquietação da busca) que lhe traz uma lembrança imprecisa.

— E não poder adivinhar
Por que mistério se me evoca[176]
Esta idéia fugitiva,
Tão débil que mal me toca!...

— Ah, não'sei por que, mas certamente
Aquele raio cadente
Alguma coisa foi na minha sorte
Que a sua projeção atravessou...

Tanto segredo no destino de uma vida...
É como a idéia de Norte,
Preconcebida,
Que sempre me acompanhou...[177]

Último soneto

Que rosas fugitivas foste ali!
Requeriam-te os tapetes, e vieste...
— Se me dói hoje o bem que me fizeste,
É justo, porque muito te devi.

Em que seda de afagos me envolvi
Quando entraste, nas tardes que apareceste![178]
Como fui de percal quando me deste
Tua boca a beijar, que remordi...

---

176 Está "porque" na edição da Ática.
177 Cf. a nota 44, do poema "Dispersão", v. 60.
178 Deve ler-se: "apar'ceste".

Pensei que fosse o meu o teu cansaço —
Que seria entre nós um longo abraço
O tédio que, não esbelta, te curvava...

E fugiste... Que importa? Se deixaste
A lembrança violeta que animaste,
Onde a minha saudade a Cor se trava?[179]

---

[179] Tão importante é a Cor para o poeta, que a lembrança violeta, à qual se prende a sua saudade, lhe basta.

Os Últimos Poemas

Caranguejola[180]

Ah, que me metam entre cobertores,
E não me façam mais nada!...
Que a porta do meu quarto fique para sempre fechada,
Que não se abra mesmo para ti se tu lá fores!

Lá vermelha, leito fofo. Tudo bem calafetado...
Nenhum livro, nenhum livro à cabeceira...
Façam apenas com que tenha sempre a meu lado
Bolos de ovos e uma garrafa de Madeira.

Não, não estou para mais; não quero mesmo brinquedos.
P'ra quê? Até se mos dessem não saberia brincar...
Que querem fazer de mim com estes enleios e medos?
Não fui feito p'ra festas. Larguem-me! Deixem-me
                                       sossegar!...

---

[180] No título do poema ("Caranguejola" = coisa mal segura), Sá-Carneiro revela a precariedade da sua situação. Todo ele é um suposto diálogo: de um lado, o poeta; do outro, os que se oporiam à realização de seus desejos — ou ela, ou ele mesmo.

Noite sempre p'lo meu quarto. As cortinas corridas,
E eu aninhado a dormir, bem quentinho — que amor!...[181]
Sim: ficar sempre na cama, nunca mexer, criar bolor —
P'lo menos era o sossego completo... História! era a
melhor das vidas...

Se me doem os pés e não sei andar direito,
P'ra que hei de teimar em ir para as salas, de Lord?[182]
Vamos, que a minha vida por uma vez se acorde
Com o meu corpo, e se resigne a não ter jeito...

De que me vale sair, se me constipo logo?
E quem posso eu esperar, com a minha delicadeza?...
Deixa-te de ilusões, Mário! Bom "édredon" bom fogo —[183]
E não penses no resto. É já bastante, com franqueza...

Desistamos. A nenhuma parte a minha ânsia me levará.
P'ra que hei de então andar aos tombos, numa inútil correria?
Tenham dó de mim. Co'a breca! levem-me p'ra enfermaria —
Isto é, p'ra um quarto particular que o meu Pai pagará.[184]

Justo. Um quarto de hospital higiênico, todo branco.
           [moderno e tranqüilo;[185]
Em Paris, é preferível, por causa da legenda...

---

181   O enternecimento por si mesmo, tão semelhante ao de António Nobre, acentua-se com o diminutivo (de que este poeta faz largo uso, mas que em Sá-Carneiro constitui uma exceção) e a frase interjetiva: "Que amor!...", de caráter antes feminino.
182   Cf. "O Lord".
183   O chamar-se pelo próprio nome é também característica de António Nobre.
184   Note-se o valor autobiográfico destes versos, em que nenhuma imagem vela a revelação da sua miséria econômica.
185   Este desejo de tranqüilidade, num quarto de hospital, ele já o exprimira em um poema escrito em março de 1915, "Elegia", que não incluímos neste volume: "Convalescença afetuosa / Num hospital branco de paz..."

De aqui a vinte anos a minha literatura talvez se entenda;[186]
E depois estar maluquinho em Paris fica bem, tem
                              certo estilo...

Quanto a ti, meu amor, podes vir às quintas-feiras,
Se quiseres ser gentil, perguntar como eu estou.[187]
Agora no meu quarto é que tu não entras, mesmo
com as melhores maneiras...
Nada a fazer, minha rica. O menino dorme. Tudo o
                              mais acabou.[188]

O *fantasma*

O que farei na vida — o Emigrado
Astral[189] após que fantasiada guerra,
Quando este Oiro por fim cair por terra,
Que ainda é Oiro, embora esverdinhado?

(De que revolta ou que país fadado?)
Pobre lisonja a gaze que me encerra...
Imaginária e pertinaz, desferra
Que força mágica o meu pasmo aguado?

---

186 O poeta previu mais ou menos certo; na verdade, a aceitação mais ampla da sua poesia demorou um pouco mais que isso.
187 Leia-se: "Se / qui / ser's", com elisão do "e".
188 Notem-se os versos longos, sem obediência a metros fixos. O tom coloquial, em que Sá-Carneiro também nisto se aproxima de Nobre, dá uma perfeita naturalidade ao poema.
189 O adjetivo "astral", muito encontradiço em Sá-Carneiro e Fernando Pessoa, além de ser vocábulo corrente no simbolismo, é caro aos ocultistas e teosofistas, entre os quais se incluem estes dois poetas.

A escada é suspeita e é perigosa:
Alastra-se uma nódoa duvidosa[190]
Pela alcatifa, os corrimões partidos...

Taparam com rodilhas o meu norte,
As formigas cobriram minha sorte,[191]
Morreram-me meninos nos sentidos...[192]

El-rei[193]

Quando chego o piano estala agoiro
E medem-se os convivas logo, inquietos;
Alargam-se as paredes, sobem tetos;
Paira um Luxo de Adaga em mão de moiro.

Meu intento porém é todo loiro
E a cor-de-rosa, insinuando afetos.[194]
Mas ninguém se me expande...[195]
Frenesis ninguém brilha![196] Excesso de Oiro...

---

190 Cf. "Pied-de-Nez", v. 3: "meu cetim de ternura engordurado".
191 Em vários poetas (cf. F. Pessoa e Pablo Neruda), as formigas simbolizam a destruição.
192 A acuidade sensorial do poeta revela-se no sofrimento que experimenta não no seu sentimento, mas nos sentidos (cf. "Álcool", v. 8).
193 O título do soneto, estranhamente absurdo em relação ao seu contexto, é mais uma manifestação do humor sombrio com que zomba de si (cf. "Pied-de-Nez").
194 A suavidade dos coloridos garante a amenidade de sua disposição.
195 Ninguém se expande comigo, ninguém me acolhe.
196 Emprego raro do verbo "brilhar" transitivo direto = ostentar.

Meu Dislate a conventos longos orça.[197]
P'ra medir minha zoina,[198]
Só mítica, de alada, esguia corça.[199]

Quem me convida mesmo não faz bem:
Intruso ainda quando, à viva força,
A sua casa me levasse alguém...

Aqueloutro[200]

O dúbio mascarado, o mentiroso
Afinal, que passou na vida incógnito;
O Rei-lua postiço, o falso atônito;
Bem no fundo o covarde rigoroso...

Em vez de Pajem bobo presunçoso...[201]
Sua alma de neve asco de um vômito...
Seu ânimo cantando como indômito
Um lacaio invertido e pressuroso...

---

197 Entendemos: Meu Dislate (disparate, tolice) é tamanho que só se pode comparar (medir) a longos conventos.
198 "Zoina": má sorte, azar. Em cartas escritas pela mesma época em que compôs este soneto, Sá-Carneiro fala com freqüência na zoina que o persegue: "A zoina, a grande zoina sempre!" (fev. de 1916); "A zoina silva sobre mim despedaçadoramente." (fev. de 1916) etc.
199 Não sabemos se interpretamos bem estes dois versos: apenas uma corça mítica, cuja natural agilidade seria acrescida de ter asas, poderia medir a zoina, isto é, servir de padrão para avaliar a desmesura do seu poder sobre ele.
200 Estes três sonetos — "O fantasma", "El-Rei" e "Aqueloutro", datados de janeiro e fevereiro de 1916 — em gradação ascendente de desdém e repulsa, culminam com este que é o seu auto-retrato grotesca e tragicamente caricaturado.
201 O jogo das antíteses salienta o aspecto negativo que ele se atribui.

O sem nervos nem ânsia, o papa-açorda...²⁰²
(Seu coração talvez movido a corda...)
Apesar de seus berros ao Ideal,

O corrido, o raimoso,²⁰³ o desleal,
O balofo arrotando Império astral,
O mago sem condão, o Esfinge Gorda...²⁰⁴

Fim²⁰⁵

Quando eu morrer batam em latas,
Rompam aos saltos e aos pinotes,
Façam estalar no ar chicotes,
Chamam palhaços e acrobatas!

Que o meu caixão vá sobre um burro
Ajaezado à andaluza...
A um morto nada se recusa,
E eu quero por força ir de burro!

---

202 "Papa-açorda": covarde, molengo.
203 "Raimoso": reimoso? Parece-me que sim, pois o sentido deste vocábulo (genioso, brigão) cabe bem aqui.
204 "O Esfinge Gorda" — Sá-Carneiro tinha desgosto de seu físico, de sua precoce obesidade.
205 Até à sua morte e ao seu funeral quis Sá-Carneiro dar o tom grotesco que lhes tira a dignidade, como para mais achincalhar-se.

Manucure[206]

Na sensação de estar polindo as minhas unhas,
Súbita sensação inexplicável de ternura,
Todo me incluo em Mim — piedosamente.[207]
Entanto eis-me sozinho no Café:
De manhã, como sempre, em bocejos amarelos.
De volta, as mesas apenas — ingratas
E duras, esquinadas na sua desgraciosidade
Boçal, quadrangular e livre-pensadora...
Fora: dia de Maio em luz
E sol — dia brutal, provinciano e democrático

Que os meus olhos delicados, refinados, esguios e
                                                                          [citadinos
Não podem tolerar — e apenas forçados
Suportam em náuseas. Toda a minha sensibilidade
Se ofende com este dia que há de ter cantores
Entre os amigos com quem ando às vezes —
Trigueiros, naturais, de bigodes fartos —
Que escrevem, mas têm partido político
E assistem a congressos republicanos,
Vão às mulheres, gostam de vinho tinto,
De peros ou de sardinhas fritas...

E eu sempre na sensação de polir as minhas unhas
E de as pintar com um verniz parisiense,

---

206 "Este poema", diz F. Pessoa, "foi feito por blague", mas quisemos incluí-lo nesta Antologia como testemunho da tentativa futurista de Sá-Carneiro e porque, apesar de voluntariamente diverso do resto da sua obra (sobretudo do ponto de vista formal), parece-nos conter alguns elementos essenciais da sua poesia, que procuraremos fixar.
207 Há já de início uma atitude que procuramos evidenciar: a autoternura concentrada nos cuidados dispensados às mãos e às unhas.

Vou-me mais e mais enternecendo
Até chorar por Mim...
Mil cores no Ar, mil vibrações latejantes,
Brumosos planos desviados
Abatendo flechas, listas volúveis, discos flexíveis,
Chegam tenuemente a perfilar-me
Toda a ternura que eu pudera ter vivido,
Toda a grandeza que eu pudera ter sentido,
Todos os cenários que entretanto Fui...[208]
Eis como, pouco a pouco, se me foca
A obsessão débil dum sorriso
Que espelhos vagos refletiram...[209]
Leve inflexão a sinusar...
Fino arrepio cristalizado...
Inatingível deslocamento...
Veloz faúlha atmosférica...

E tudo, tudo assim me é conduzido no espaço
Por inúmeras intersecções de planos
Múltiplos, livres, resvalantes.

É lá, no grande Espelho de fantasmas
Que ondula e se entregolfa todo o meu passado,
Se desmorona o meu presente,
E o meu futuro é já poeira...

... ...

Deponho então as minhas limas,
As minhas tesouras, os meus godés de verniz,

---

208 A mesma presença das cores e das vibrações, as mesmas maiúsculas alegorizantes (Mim, Ar, Fui).
209 A presença dos espelhos repete-se no v. 42.

Os polidores da minha sensação —
E solto meus olhos a enlouquecerem de Ar!
Oh! poder exaurir tudo quanto nele se incrusta,
Varar a sua Beleza — sem suporte, enfim! —
Cantar o que ele revolve, e amolda, impregna,
Alastra e expande em vibrações;
Subtilizado, sucessivo — perpétuo ao Infinito!...

Que calotes suspensas entre ogivas de ruínas,
Que triângulos sólidos pelas naves partidos!
Que hélices atrás dum vôo vertical!
Que esferas graciosas sucedendo a uma bola de ténis! —
Que loiras oscilações se ri a boca da jogadora...
Que grinaldas vermelhas, que leques se a dançarina russa,
Meia-nua, agita as mãos pintadas da Salomé
Num grande palco a Oiro!
— Que rendas outros bailados![210]

Ah! mas que inflexões de precipício, estridentes, cegantes.
Que vértices brutais a divergir, a ranger,
Se facas de apache se entrecruzam
Altas madrugadas frias...
E pelas estações e cais de embarque,
Os grandes caixotes acumulados,
As malas, os fardos — *pêle-mêle*...
Tudo inserto no Ar,
Afeiçoado por ele, separado por ele
Em múltiplos interstícios
Por onde eu sinto a minh'Alma a divagar!...

— Ó beleza futurista das mercadorias!

---

210 A sucessão de peças da moderna mecânica (calotes, triângulos, hélices) não exclui "as ogivas de ruínas", "as mãos da Salomé", o "palco a Oiro".

— Serapilheira dos fardos,
Como eu quisera togar-me de Ti!
— Madeira dos caixotes,
Como eu ansiara cravar os dentes em Ti![211]
E os pregos, as cordas, os aros... —
Mas, acima de tudo, como bailam
A meus olhos audazes de beleza,
As inscrições de todos esses fardos —
Negras, vermelhas, azuis ou verdes —
Gritos de atual e Comércio & Indústria
Em trânsito cosmopolita:

FRÁGIL! FRÁGIL!

8 4 3 — AG LISBON

492 — WR MADRID[212]

Ávido, em sucessão da nova Beleza atmosférica,
O meu olhar coleia sempre em frenesi de absorvê-la
À minha volta. E a que mágicas, em verdade, tudo baldeado
Pelo grande fluido insidioso,
Se volve, de grotesco — célere,
Imponderável, esbelto, leviano...
— Olha as mesas... Eia! Eia!
Lá vão todas no Ar às cabriolas,
Em séries instantâneas de quadrados
Ali — mas já, mais longe, em losangos desviados...
E entregolfam-se as filas indestrinçavelmente,
E misturam-se às mesas as insinuações berrantes
Das bancadas de veludo vermelho

---

211 Há nestes versos uma visível influência de Álvaro de Campos.
212 Num poema futurista como este, não podiam faltar as brincadeiras gráficas.

Que, ladeando-o, correm todo o Café...
E, mais alto, em planos oblíquos,
Simbolismos aéreos de heráldicas tênues
Deslumbram os xadrezes dos fundos de palhinha
Das cadeiras que, estremunhadas em seu sono horizontal,
Vá lá, se erguem também na sarabanda...

Meus olhos ungidos de Novo,
Sim! meus olhos futuristas, meus olhos cubistas,
                        [meus olhos interseccionistas.
Não param de fremir, de sorver e faiscar
Toda a beleza espectral, transferida, sucedânea,
Toda essa Beleza-sem-Suporte,
Desconjuntada, emersa, variável sempre
E livre — em mutações contínuas,
Em insondáveis divergências...

— Quanto à minha chávena banal de porcelana?
Ah, essa esgota-se em curvas gregas de ânfora,
Ascende num vértice de espiras
Que o seu rebordo frisado a oiro emite...

É no ar que ondeia tudo! É lá que tudo existe![213]

...Dos longos vidros polidos que deitam sobre a rua,
Agora, chegam teorias de vértices hialinos
A latejar cristalizações nevoadas e difusas.
Como um raio de sol atravessa a vitrine maior,
Bailam no espaço a tingi-lo em fantasias,
Laços, grifos, setas, ases, — na poeira multicolor —.

---

213 Também característica do futurismo é esta tentativa ideogramática.

BIBLIOGRAFIA DO AUTOR

OBRAS DO AUTOR

Amizade: peça em três atos (em colaboração com Tomás Cabreira Junior), 1912.

Princípio (novelas originais). Lisboa: Livraria Ferreira-Ferreira, 1912.

Dispersão (12 poemas). Lisboa: Em casa do autor, 1914; 2.ed. Porto: Presença, 1939.

A confissão de Lúcio (narrativa). Lisboa: Em casa do autor, 1914; 2. ed. Lisboa: Ática, 1945.

Céu em fogo (oito novelas). Lisboa: Livraria Brasileira, 1915; 2. ed. Lisboa: Ática, 1966.

Indícios de oiro (poesias). Porto: Presença, 1937.

Poesias. Com um estudo crítico de João Gaspar Simões [datado de 1940]. É o segundo volume de *Obras completas de Mário de Sá-Carneiro*. Lisboa: Ática, 1946; 2. ed. 1953.

Cartas a Fernando Pessoa. Prefácio de Urbano Tavares Rodrigues, e apêndice e notas de Helena Cidade Moura. Lisboa: Ática, 1958-1959.

Mário de Sá-Carneiro, todos os poemas. Rio de Janeiro: Companhia José Aguilar, 1974. *Cartas de Mário de Sá-Carneiro a Luís de Montalvor / Cândida Ramos / Alfredo Guisado / José Pacheco*. Leitura, introdução e notas de Arnaldo Saraiva. Porto: Limiar, 1977.

Correspondência inédita de Mário de Sá-Carneiro a Fernando Pessoa. Leitura, introdução e notas de Arnaldo Saraiva. Porto: Centro de Estudos Pessoanos, 1980.

Obra poética. Org. António Quadros. Lisboa: Europa-América, Mem Martins, 1985.

Poesias. Prefácio de Nuno Júdice e ilustrações de Ilda David. Lisboa: Círculo dos Leitores, 1990.

Obra poética completa, 1903-1916. Org. António Quadros. Lisboa: Europa-América, Mem Martins, 1991.

Cartas a María e outra correspondência inédita. Org. de François Castex e Marina Tavares Dias. Lisboa: Quimera, 1992.

Obra completa. Introdução e organização de Alexei Bueno. Rio de Janeiro: Nova Aguilar, 1995.

ANTOLOGIAS

Mário de Sá-Carneiro, Poesia. Org. Cleonice Berardinelli, col. "Os Nossos Clássicos". Rio de Janeiro: Agir, 1958; 2. ed. 1965; 3. ed. 1974.

Mário de Sá-Carneiro, antologia de poesia e prosa. Introdução, seleção e notas de João Alves das Neves. São Paulo: Íris, 1961.

Mário de Sá-Carneiro, antologia de poesia e prosa. Org. Maria Aliette Galhoz. Lisboa: Presença, 1963.

Obra de Mário de Sá-Carneiro. Antologia e estudo de Maria Estela Guedes. Lisboa: Presença, 1985.

BIBLIOGRAFIA SOBRE O AUTOR

ABREU, Manuel Viegas. *Mário de Sá-Carneiro na Universidade de Coimbra*. Porto: Fundação Engenheiro Antonio de Almeida, 1991.

ANAIS: 80 anos de Dispersão e de A confissão de Lúcio. SEMANA DE ESTUDOS SÁ-CARNEIRO. Belo Horizonte: Centro de Estudos Portugueses, 1994.

AREAS, Vilma. "Uma leitura de Sá-Carneiro". In: *EPA — Estudos Portugueses e Africanos*, n. 4. Campinas: Universidade Estadual de Campinas, 1984. p. 132-158.

BACARISSE, Pamela. *Mário de Sá-Carneiro and the Conte Fantastique*. Separata da revista *Luso-Brazilian Review*, vol. XII, n. 1, Wisconsin, 1975.

_____. "Mário de Sá-Carneiro: a imagem da arte". In: *Colóquio Letras*, n. 75, jul. 1983. Lisboa: Fundação Calouste Gulbenkian, 1983. p. 40-53.

_____. *A alma amortalhada:* Mário de Sá-Carneiro's use of metaphor and image. Londres: Tamesis Books, 1984.

BARRETO, João. "O sensacionismo português fala alemão". In: *Colóquio Letras*, n. 94, p. 5-13, nov. 1986. Lisboa: Fundação Calouste Goulbenkian, 1986.

BASÍLIO, Rita. *Mário de Sá-Carneiro*: um instante de suspensão. Lisboa: Vendaval, 2003.

BELLADI, Zina Maria. *Função e forma do tradicional em Mário de Sá-Carneiro*. São Paulo: Faculdade de Filosofia, Ciência e Letras de Araraquara, 1975.

BERARDINELLI, Cleonice. "Ernani Rosas e Sá Carneiro". In: *Colóquio Revista de Artes e Letras*, n. 12, fev. 1961. Lisboa, 1961. p. 47-50.

_____."A confissão de Lúcio". In: *Colóquio Revista de Artes e Letras,* n. 26, dez. 1963. Lisboa, 1963. p.52-54.

_____. "Cesário entre Fradique e Sá-Carneiro". In: *Convergência Lusíada,* n. 9. Rio de Janeiro: Real Gabinete Português de Leitura, 1992. p.11-24.

_____. "Excluídos ou incluídos?". In: *Fernando Pessoa: Outra vez te revejo...* . Rio de Janeiro: Lacerda, 2004. p. 404-428.

BERRINI, Beatriz. "Mistério de Sá-Carneiro: leituras possíveis". In: *Livros de Portugal — ontem e hoje.* São Paulo: Cortez, 1981.

BOUÇAS, Edmundo. "Manobras do truque decadentista em Sá-Carneiro". *Convergência Lusíada,* n. 14. Rio de Janeiro: Real Gabinete Português de Leitura, 1997, p. 219-227.

CARPINTEIRO, Maria da Graça. *A novela poética de Mário de Sá-Carneiro.* Lisboa: Centro de Estudos Fonológicos, 1960.

CARVALHO, Júlio. *O sentimento da morte na poesia de Mário de Sá-Carneiro.* Rio de Janeiro: [s.n.], 1967.

CASTEX, François. *Mário de Sá-Carneiro e a gênese de "Amizade".* Trad. do francês de B. Narino e F. Melro, Coimbra: Livraria Almedina, 1971.

CORREIA, Orlanda Marina de Nóbrega; MONTEIRO, Maria Rosa Valente Sil. "Ernest Dowson — Sá-carneiro: incoincidências, intertextos". *Diacrítica,* n.6. Minho: Universidade do Minho, 1991. p. 239-248.

DINE, Madalena Jorge; FERNANDES, Marina Sequeira. *Para uma leitura da poesia modernista*: Mário de Sá-Carneiro e José Almada Negreiros. Lisboa: Presença, 2000.

FERREIRA, Ermelinda. *Auto-retrato em duplo*: Mário de Sá-Carneiro e Santa-Rita Pintor. Rio de Janeiro: Nau, 2000.

GIL, Castro. *Sá-Carneiro, Miguel Torga, José Régio*: três atitudes perante a vida. Coimbra: [s.n.], 1949.

LANCASTRE, Maria José de. *O eu e o outro*: para uma análise psicanalítica da obra de Mário de Sá-Carneiro. Lisboa: Quetzal, 1992.

LOPES, Teresa Rita. "Pessoa, Sá-Carneiro e as três dimensões do sensacionismo". *Colóquio Letras*, n.4, dez/71. Lisboa: Fundação Calouste Gulbennkian, 1971. p. 18-26.

MARTINHO, Fernando J. B. *Mário de Sá-Carneiro e o(s) outro(s)*. Lisboa: Hiena, 1990.

MARTINS, Fernando Cabral. "Notas sobre a imagem do poeta em António Nobre e Mário de Sá-Carneiro". In: *Colóquio Letras*, n.127-128, jan./jun. 1993. Lisboa: Fundação Calouste Gulbenkian, 1993, p. 157-167.

_____. *O modernismo em Mário de Sá-Carneiro*. Lisboa: Estampa, 1994.

MONTALVOR, Luís de. "Nota editorial sobre Sá-Carneiro". Introdução à 2ª edição de *A confissão de Lúcio*. Lisboa: Ática, 1945.

MORNA, Fátima Freitas. "A poesia de *Orpheu*". *Textos Literários*, n. 26. Lisboa: Comunicação, 1982.

MOURÃO-FERREIRA, David. "Ícaro e Dédalo: Mário de Sá-Carneiro e Fernando Pessoa". *Hospital das Letras*. Lisboa: Guimarães, 1966.

MOURÃO, Paula. "Mário de Sá-Carneiro: o lúcido e o lúdico". *Revista da Associação dos Professores de Português*, n. 7, mai. 1984. Lisboa, 1984.

NEMÉSIO, Vitorino. "Indícios de Oiro". *Revista de Portugal*, v.1, n.2, jan. 1938, Coimbra. "Obra e dispersão de Mário de Sá-Carneiro". *Conhecimento da poesia*. Lisboa: Livraria Progresso, 1958.

PESSOA, Fernando. "Mário de Sá-Carneiro". In: *Obras em Prosa*, II. ed. Rio de Janeiro: Nova Aguilar, 2004, p. 455-461.

POST, H. Houwens. *Mário de Sá-Carneiro (1890-1916)*, precursor do surrealismo português. Lisboa: [s.n.], 1968.

_____. *Cinetism in the imagery of Mário de Sá-Carneiro's*: modernist poetry. Lisboa: [s.n.], 1973.

QUADROS, António. "O fantástico na obra de Sá-Carneiro". *Ensaios de interpretação crítica*. Lisboa: Portugália, 1964.

RAMOS, Feliciano. *Eugenio de Castro e a Poesia Nova*. Lisboa: Edição da Revista Ocidente, 1943.

RÉGIO, José. *Ensaios de interpretação crítica*: Camões, Camilo, Florbela, Sá-Carneiro. Lisboa: Portugália, 1964.

ROCHA, Clara Crabée. *O essencial sobre Mário de Sá-Carneiro*. Lisboa: Imprensa Nacional-Casa da Moeda, 1985.

RODRIGUES, Urbano Tavares. "Introdução às cartas de Mário de Sá-Carneiro a Fernando Pessoa". In: *Cartas a Fernando Pessoa*. Lisboa: Ática, 1958-1959.

SANTOS, Ana Tereza de Castro. "Sá-Carneiro: Narciso e a obra". In: *EPA*—Estudos Portugueses e Africanos, n. 9. Campinas: Universidade Estadual de Campinas, 1987. p. 7-13.

SIMÕES, João Gaspar. *Temas*. Coimbra: [s.n.], 1929.

_____."Mário de Sá-Carneiro, o poeta e a obra". *História da poesia portuguesa do século XX*. Lisboa: [s.n.],1959.

_____. "Mário de Sá-Carneiro, Orfeu e o surrealismo". In: *O Estado de São Paulo*, São Paulo, 15 nov. 1958, transcrito em *Literatura, literatura, literatura*. Lisboa: Portugália, 1964.

_____.*O mistério da Poesia*. 2. ed. Porto: Inova, 1971.

SARAIVA, Arnaldo. "Na inauguração do Centro de Estudos Pessoanos". In: *PERSONA*, n. 1. Porto: Centro de Estudos Pessoanos, 1977. p.3-9.

SENA, Jorge de. "Cartas de Sá-Carneiro a Fernando Pessoa". In: *O poeta é um fingidor*. Lisboa: Ática, 1961.

TORIELLO, Fernanda. *La ricerca infinita, Omaggio a Mário de Sá-Carneiro*. Bari: Adriatica, 1987. VIEIRA, Antônio. "O jogo em Mário de Sá-Carneiro". *COLÓQUIO Letras*, n. 66, mar. 1982. Lisboa: Fundação Calouste Gulbenkian, 1982. p. 41-47.

VILA MAIOR, Dionísio. *O sujeito modernista*: Fernando Pessoa, Mário de Sá-Carneiro, Almada Negreiros e Antonio Ferro. Lisboa: Universidade Aberta, 2003.

WOLL, Dieter. A lírica de Mário de Sá-Carneiro, vista por um alemão. In: *Colóquio Revista de Artes e Letras*, n.5 e 6, nov. 1959. Lisboa: Fundação Calouste Gulbenkian de Lisboa, 1959. p. 91-93.

_____. *Realidade e identidade na lírica de Sá-Carneiro*. Trad. do alemão. Lisboa: Delfos, 1968.

FOTOBIOGRAFIA
Mário de Sá-Carneiro. Org. Marina Tavares Dias. Lisboa: Quimera, 1988.

Este livro foi composto em Requiem e impresso pela Ediouro Gráfica sobre papel offset 75g/m² da Ripasa. Foram produzidos 3.000 exemplares em julho de 2005 para a Editora Agir.